Otto Gradenwitz

Bismarck am Schreibtisch
Der verhängnisvolle Immediatbericht

SE𝐕ERUS

Gradenwitz, Otto: Bismarck am Schreibtisch
Hamburg, SEVERUS Verlag 2013

ISBN: 978-3-86347-407-2
Druck: SEVERUS Verlag, Hamburg 2013

Der SEVERUS Verlag ist ein Imprint der Diplomica Verlag GmbH.

Bibliografische Information der Deutschen Nationalbibliothek:
Die Deutsche Nationalbibliothek verzeichnet diese Publikation in der Deutschen Nationalbibliografie; detaillierte bibliografische Daten sind im Internet über http://dnb.d-nb.de abrufbar.

© **SEVERUS Verlag**
http://www.severus-verlag.de, Hamburg 2013
Printed in Germany
Alle Rechte vorbehalten.

Der SEVERUS Verlag übernimmt keine juristische Verantwortung oder irgendeine Haftung für evtl. fehlerhafte Angaben und deren Folgen.

Otto Gradenwitz

BISMARCK
am Schreibtisch

*

Der verhängnisvolle Immediatbericht

seVerus

Aufn. A. Beckmann, Straßburg i. E.   Verlag Gustav Liersch & Co., Berlin

am Schreibtisch in Friedrichsruh

MAX LENZ
zum Gedächtnis

in Dankbarkeit für das Wohlwollen,
das der Historiker dem Juristen
entgegentrug

Vorwort

Max Lenz stellt für spätere Bismarckakten-Forschung die Anforderung: ...„jeden Brief und jedes Aktenstück aus den Archiven .... nicht anders behandeln, als hätten sie Texte des Mittelalters vor sich."

Er hat den Band „Erinnerung und Gedanke" der „Werke" Bismarcks nicht mehr erlebt.

Mich beschäftigt der Immediatbericht Bismarcks über Kaiser Friedrichs Tagebuch seit langer Zeit; ich habe in einer Zeitung und in einer Festschrift vor mehreren Jahren einiges darüber veröffentlicht. Jetzt gebe ich aus den mir zur Verfügung gestellten Akten das, was mir wesentlich erscheint, und versuche, Entstehung und Wandlungen dieses ergreifenden Aktenstückes darzulegen, das meines Erachtens die Bismarckkrise und damit die Krise der Monarchie im Keime enthält.

Berlin, im November 1932.

Der Verfasser.

Inhalt

	Seite
Einführung	1
Legationsrat Kaysers Zitate und Zeitungen	14
I. Zitate aus Geffckens Tagebuch	14
II. Zeitungssendung	22
Konzept von Graf Rantzaus Hand	28
Die Macht des Beraters	34
Erster Entwurf	42
„Bismarck erzählt meinem Schwager"	56
Richter und Politiker	69
Umarbeitung	81
Zweiter Entwurf: öffentlich!	87
Einschübe	99
Fiktion	110
De mortuis nil nisi bene	119
Fazit	125

Abgekürzte Zitate

v. Beseler: Beiträge zur Kritik der Römischen Rechtsquellen. 4. Heft.
Beyerhaus: Festschrift für Aloys Schulte.
Briefwechsel: Anhang zu Bismarcks Gedanken und Erinnerungen. — Bd. 1. Wilhelm I. und Bismarck. Bd. II. Aus Bismarcks Briefwechsel.
Busch, 1. 2. 3: Tagebuchblätter, 3 Bde.
Busch: Graf Bismarck und seine Leute.
Geffcken: Deutsche Rundschau 15, 1 (Oktober 1888), S. 6ff.
Große Politik: Die große Politik der Europäischen Kabinette 1871—1914.
H. N.: H(amburger) N(achrichten).
Hofmann, Hermann: Fürst Bismarck 1890—1898.
Hohenlohe: Denkwürdigkeiten des Fürsten Chlodwig zu Hohenlohe-Schillingsfürst. 3 Bde.
Keudell: Fürst und Fürstin Bismarck.
Kriegstagebuch von 1866: Meisner, Kaiser Friedrich III. Tagebücher von 1848—1866.
Lucius: Bismarck-Erinnerungen.
Meisner (Oder: M. Tagebuch): Kaiser Friedrich III. — Das Kriegstagebuch von 1870/71. Mitunter auch „Volles Tagebuch" zitiert.
Meisner, Verfassungskonflikt: Der preußische Kronprinz im Verfassungskonflikt 1863.
Oncken: Großherzog Friedrich I. von Baden und die deutsche Politik von 1854—1871. 2 Bde.
Ponsonby: Briefe der Kaiserin Friedrich.
Roon: Denkwürdigkeiten aus dem Leben des Generalfeldmarschalls Kriegsministers Grafen von Roon. 2 Bde.
Werke: Bismarck, Die gesammelten Werke.

Einführung

„Jeder außerordentliche Mensch hat eine Sendung, die er zu vollführen berufen ist. Hat er sie vollbracht, so ist er auf Erden in dieser Gestalt nicht weiter vonnöten, und die Vorsehung verwendet ihn wieder zu etwas anderm. Da aber hienieden alles auf natürlichem Wege geschieht, so stellen ihm die Dämonen ein Bein nach dem andern, bis er zuletzt unterliegt." Also spricht Goethe. Hoch über die trostarme Lehre der Griechen vom Neide der Götter erhebt sich die Vision von der Erhaltung der Kraft: „die Vorsehung verwendet ihn wieder zu etwas anderm!"

Auch den großen Bismarck haben die Dämonen gefällt, — nicht zuletzt durch den von ihm zum Diener genommenen Holstein. Sollte der Entamtete nach des Schicksals Schluß schon hienieden zu etwas anderm verwendet werden? Vielleicht dazu, politische Weisheit, die er nicht mehr durch äußere Macht in die Tat umsetzen konnte, nun zu lehren durch Wort, durch Schrift und durch erbetenen oder unerbetenen Rat in arger Not? Ist die Politik lehrbar? Er selber hat es verneint, jedenfalls aber haben bis jetzt Deutschlands Feinde besser als Deutschland von ihm gelernt, einen Gegner matt zu setzen: hätten sie nur auch von ihm gelernt, einen mattgesetzten Gegner zu behandeln!

So recht ein Musterbeispiel für jenes Dämonenspiel soll hier dargestellt werden: Ein außerhalb aller Berechnung liegender Angriff, geführt zugleich mit der „Stupidität des Hasses" und mit jener unheimlichen Treffsicherheit des führerlosen Instinktes: der Angriff reizt den Kanzler bis über das Maß des politisch Erforderlichen, — und hier nisten sich die ein, die seine gesunde Stellung beim Souverän und zur öffentlichen Meinung vergiften.

Am 15. Juni 1888 hatte der Tod Kaiser Friedrichs die leidvolle Regierung der 99 Tage beendet; sie war voller Kämpfe für den Kanzler gewesen; er bedurfte einiger Ruhe: wenn der Organismus einen Anfall überwunden hat, braucht die Natur Schonung: ein kleiner Zwischenfall, — die Reserven waren erschöpft, — böser

1 Gradenwitz, Bismarck am Schreibtisch.

Ausgang! Dem Kanzler aber waren nach dem 15. Juni nur eben wieder etwa 99 Tage verhältnismäßiger Ruhe vergönnt, neben dem jungen, ihm erst einmal fanatisch ergebenen Kaiser: „Er geht in seiner Zuneigung zu mir zu weit," sagte er zu Busch. Der Weisheit des Staatsmanns schien die feurige Hingabe des jungen Monarchen bedenklich: Alles zu hoch Gespannte hat den Trieb, umzuschnellen! — Über die Seefahrt der kaiserlichen Brüder nach Rußland soll er gesagt haben: „Ich bin gegen diese Reise: da fahren die beiden jungen Leute auf demselben Schiff; vielleicht geht es unter, — und ich sitze hier mit Friedrich Leopold!"[1]) Ahnte er die Vorliebe für Schiffsparaden? — Die Preußenwahlen standen bevor, — da, am 20. September 1888, ereignete es sich, daß in der „Deutschen Rundschau" ein Anonymus Notizen veröffentlichte, die während des Krieges „Seine Majestät der damalige Kronprinz"[2]) im Stile eines Tagebuches aufgezeichnet haben sollte. Nur aus Gründen der Diskretion habe sich der Verfasser auf die Auszüge beschränkt, sagt die Redaktion der „Deutschen Rundschau". Die Aufzeichnungen hatten eine den Richtlinien, nach denen Bismarck dann das Reich aufgebaut, entgegengesetzte Tendenz: Süddeutschland sollte unter Preußen gezwungen werden; Preußen und Reich sollten dann nach englischem Vorbild süddeutsch-liberal werden. — Der Veröffentlicher, der, als es ernst ward, sich stellte, der „Hanseatische Welfe" Prof. Geffcken, ein Studiengenosse des Kronprinzen, hatte vom Kronprinzen dies Werk 1871 geliehen erhalten und nun auszugsweise, ohne Erlaubnis veröffentlicht. Der verstorbene Verfasser hatte, wie seit 1926 durch Meisners Buch[3]) feststeht, die Veröffentlichung vor 1922 (50 Jahre nach der Schlußredaktion) verboten. — Aus Geffckens Briefen bei Gelegenheit dieser Publikation spricht der Folgen der Tat voraussehende, Hemmungen übertäubende Fanatismus, wie er wohl bei Attentätern beobachtet wird.

Der Angriff erfolgte, als der junge Kaiser sich rüstete zum Besuche beim Kaiser von Österreich und bei den Süddeutschen Bundesfürsten.

Schon hier sei ein Stück aus dem „Tagebuch" vorwegbehandelt — die Pontusfrage —, welche den Gegensatz in der Grundnatur

---

[1]) Dieser, Sohn des Prinzen Friedrich Karl, wäre dann Prinzregent geworden.
[2]) So nennt Bismarck in seinem Bericht an Wilhelm II. diesen Herrn.
[3]) Kaiser Friedrich III. Das Kriegstagebuch von 1870/71.

beider Persönlichkeiten ganz klarlegt: Im November kam Mr. Russell nach Versailles, um als Vertrauensmann über die Pontusfrage zu verhandeln: Mr. Odo Russell, später als Lord Odo Russell, Botschafter in Berlin.¹) Über Odo Russell (S. 231: „mein verehrter, alter, liebenswürdiger Bekannter aus Rom 1862") notiert der Kronprinz im vollen Tagebuch S. 240: „Odo Russell, begabten, gescheiten Diplomaten ... Er ist von seiner ersten Begegnung mit Graf Bismarck, sehr wider sein Erwarten, durchaus befriedigt; er findet ihn zugänglich, nicht ohne Funken von Geist und Talent und auch in der Pontusfrage sehr gemäßigt." Bei Geffcken nur: „Begabten Diplomaten ... er ist befriedigt von Bismarck, den er zugänglich findet." Also Funken und Pontus bei Geffcken unterdrückt, — vielleicht aus Gründen der Diskretion, mit welchen die „Deutsche Rundschau" ja die Weglassungen motiviert hat. — Die Pontusfrage sei das Paradigma für die Einstellung des Kronprinzen und des Kanzlers. Der Pariser Frieden von 1856, der den Krimkrieg beendete, verschloß der russischen Kriegsflotte das Schwarze Meer. „Es waren die ungeschicktesten Bestimmungen des Pariser Friedens; einer Nation von hundert Millionen kann man die Ausübung der natürlichen Rechte der Souveränität an ihren Küsten nicht dauernd untersagen. Die Servitut der Art, welche fremden Mächten auf russischem Gebiete eingeräumt war, war für eine große Nation eine auf die Dauer nicht erträgliche Demüthigung" (G. u. E. 2, 104). Rußland kündigte im November 1870 diese Klausel mit der Motivierung: dadurch, daß Kriegsschiffe fremder Mächte den Bestimmungen zuwider den Bosporus passiert hätten, sei der Vertrag durchlöchert und also hinfällig. Rußland hielt die Zeit des Deutsch-Französischen Krieges zur Kündigung geeignet, weil der englischen Kriegslust jetzt der französische Helfer ausfiel.

Der Kronprinz sagt im vollen Tagebuch (S. 222): „ferner besorge ich, daß England uns eines stillschweigenden Einverständnisses mit Petersburg anklagen wird, zumal die offenkundige Sympathie des Zaren für Preußen²) mit Rußlands behaupteter

---

¹) Nicht zu verwechseln mit dem Timeskorrespondenten Russell, von dem Bismarck sagt (G. u. E. 2, 98): „Auch der englische Correspondent im Hauptquartier, Russell, war in der Regel über die Absichten und Vorgänge in demselben besser wie ich unterrichtet und eine nützliche Quelle für meine Informationen."

²) Bismarck, Werke 6b, 458 (23. Juli 1870), Immediatbericht: „Seine Majestät der Kaiser (der Zar) ist, in der gegenwärtigen Lage, der einzige

Neutralität nicht ganz im Einklange steht, und ferner der Verdacht naheliegt, daß wir uns durch eine Intrige dieser Art für die Waffenlieferungen englischer Speculanten nach Frankreich zu rächen suchten.¹) Graf Bismarck stellt es übrigens völlig in Abrede, daß wir uns in irgendwelcher Weise Rußland gegenüber im Stillen verpflichtet hätten und spielt den gänzlich Überraschten. Möge dies wirklich der Fall sein! — Ich finde Rußlands Verfahren unerhört" usw.

Der Kronprinz, der im regen Briefwechsel mit der Gemahlin steht, entwickelt die Gefahren aus der russischen Eigenmacht in dem Sinne: daraus könnte ein Kongreß entstehen, auf dem dann auch der Deutsch-Französische Krieg zur Diskussion käme; letzteres fürchtete auch Bismarck; er instruierte demgemäß den Botschafter Graf Bernstorff, dem es auch gelang, auf der Pontuskonferenz die Sache zur friedlichen Lösung im russischen Sinne ohne Hineinziehung anderer Fragen zu bringen. — Noch in der unsterblichen Reichstagsrede vom 6. Februar 1888 hat Bismarck diesen Aktivposten der deutschen Politik im Konto Rußland betont. — Odo Russell aber rühmt dem Kronprinzen gegenüber Bismarcks Mäßigung und Weisheit, die jene Lösung ermöglichte.

Auch in Geffckens Auszug, der z. B. die Bemerkung über die zarische Sympathie unterdrückt, anderes abschwächt, zeigt der Kronprinz die von Bismarck keineswegs immer als politisch

zuverlässige und treue Freund Preußens, ja er kann in diesem Augenblick beinahe als ein Bundesgenosse Euerer Majestät angesehen werden." Solche Mahnungen mögen zu jenem Dankeserguß Wilhelms I. an Alexander II. beigetragen haben, der später in der Krise von 1879 von letzterem ausgenutzt ward. Alexanders Haltung (der neutralité bienveillante), die das Schwert Franz Josephs in der Scheide hielt, schien dem Kronprinzen nicht recht neutral, indes gleichzeitig Graf Bernstorff in London Beschwerde führte, daß Engländer zwar die Franzosen mit Munition versorgen, norddeutsche Schiffe aber keine Kohlen in England aufnehmen durften. Vgl. Werke 6b, 463 nebst Thimme's Noten.

¹) Dabei findet Mr. Odo Russell selbst: [„daß Graf Bismarck im Prinzip einer Allianz Deutschlands mit England geneigt ist, wiewohl des Kanzlers natürliche Sympathien ihn nach Rußland zögen." Mr. Russell beklagt die immer deutlicher hervortretende Isolierung Englands, welche die Anlehnung an einen Alliierten bald erforderlich machen werde . . ." (Alabamafrage)]. „Er findet es sehr natürlich, daß die Deutschen die Art der Waffenausfuhrbehandlung nicht verstehen und begreifen können; auch sieht er wohl ein, daß neues Öl ins Feuer dadurch gegossen ward, daß man in den letzten Tagen lauter englische Gewehre in den Händen der französischen Gefangenen gefunden hat . . ." — Volles Tagebuch S. 267, vom 10. Dezember. — Fehlt bei Geffcken!

nützlich betrachtete deutsche Sachlichkeit, man möchte sagen, die Richterstellung da, wo man den Anwalt der eigenen Sache erwartet.[1])

Die Pontussache aber beschäftigt in Versailles noch andere Fürsten. Das Tagebuch des Großherzogs von Baden gibt Aufschluß auch über die Mitwirkung des Großherzogs von Weimar. Dem Großherzog von Baden hat der Weimaraner eine im wesentlichen wohl vollständige Darstellung der akuten Frage gegeben: er, Carl Alexander, Bruder der Kaiserin Augusta, der, wie der Badener sagt, „bei Ausbruch des Krieges manche Vermittlung an den Kaiser[2]) übernommen hat, um ihn zu beruhigen und für die deutschen Interessen zu gewinnen"[3]), erzählte dem Großherzog von Baden wie folgt (Oncken, Großherzog Friedrich I. von Baden 2, 213): „Bei Beginn des Krieges hat Graf Bismarck selbst diese Frage in Petersburg angeregt und dem Fürsten Gortschakow in Aussicht gestellt, er werde ihm den Zeitpunkt angeben, in welchem Rußland mit der Forderung hervortreten könne. Durch die Provokation dieser Angelegenheit wollte Graf Bismarck sich Rußlands Freundschaft während des Krieges versichern und durch den Ausbruch der Frage die neutralen Mächte lahmlegen. Damit ist nicht gesagt, daß Graf Bismarck mit der brüsken Form der Anregung einverstanden ist — im Gegenteil, er wollte nur, daß die Sache zur Sprache komme. Nun ist er um so mehr bemüht, die Angelegenheit auf den Weg der Konferenzen zu lenken. Fürst Gortschakow handelte also in der Sache im Einverständnis mit Graf Bismarck, und auch der Zeitpunkt scheint verabredet worden zu sein, aber in der Ausführung traten die spezifisch russischen Interessen in ihrer wahren Gestalt hervor, und damit stimmt Graf Bismarck nicht ganz überein. Dennoch ist es bloß diesem vorausgegangenen Einverständnis zuzuschreiben, daß es gelingen konnte, die russische Regierung zur Annahme von Konferenzen zu bewegen, welche von dem Rundschreiben Gortschakows absehen, um so unbefangen wie möglich beraten zu können."

Hält man hierzu Bismarcks Erzählung (G. u. E. 2, 105), daß Gortschakow auf die Bismarcksche Initiative nur ungern einging,

---

[1]) Am 16. November begab sich der Kronprinz unter dem Eindruck der Pontusnachrichten zu jener großen Unterredung mit dem Kanzler, von der wir noch hören werden.
[2]) von Rußland.
[3]) Vgl. G. u. E. 2, 109.

5

so zeigt sich der weimar-zarische Nebenstrang in seiner Wichtigkeit, wie ja auch später bei Alexander III. für die russischen Truppenverschiebungen an die Westgrenze. „Daß die Anregung zu dem Schritt der russischen Regierung von (B.) ausgegangen sei" (wie Meisner S. 230 mit Berufung auf G. u. E. 2, 105 es ausdrückt), war bekannt; die Äußerung des Kronprinzen: „Graf Bismarck soll bei Empfang der Gortschakowschen Note ausgerufen haben: ‚die dummen Kerls haben vier Wochen zu früh angefangen!', was meines Erachtens deutlich genug auf ein altes Einverständnis mit den Russen hinweisen dürfte", zeigt den Scharfsinn der Abneigung! — Die feineren Bekundungen des Weimaraners für den Badener zeigen, daß auch diese Fürsten und nahen Verwandten den Kronprinzen nicht in die intimeren Details einweihten, sonst hätte das Tagebuch Tatsachen und nicht Vermutungen über Bismarcks Beteiligung bei dem russischen Manöver gebracht. — Der Zeitpunkt ist Bismarck ärgerlich[1]), die brüske Form auch: er hätte, wie die Gespräche bei Busch zeigen, es für richtiger gehalten, wenn die Russen durch die Tat des Schiffbaues, statt durch Noten, die Pontusfrage bearbeitet hätten: Gortschakow verdirbt zunächst die Schlacht, Bismarck renkt sie durch die Londoner Konferenz (und auf dieser Graf Bernstorff) wieder ein.[2]) Vgl. Werke 6, 1928. — Erlaß an Letzteren vom 2. 4. 11.

---

[1]) So wie Napoleon das zu frühe Losschlagen Murats 1815.

[2]) Eine vollständige Darstellung der Pontusfrage gibt Rheindorf, Pontusfrage: er zeigt auch, wie sehr mit Recht Bismarck dem russischen Reichskanzler vorwirft, die preußische Anregung widerwillig benutzt zu haben; nachdem er sie endlich aufgenommen, hat er sich nach einer russischen Behauptung eines Gegners so gedeckt, daß ein günstiger Erfolg auf sein Konto kommen sollte, Mißerfolg anderen zur Last fiel, „ein unwürdiger Egoismus auf Kosten seines Landes," sagt Bismarck von Gortschakow beim Berliner Kongreß. — Solche Erfahrungen werden Bismarck prädisponiert haben, wenn er zu der Meinung kam (1878/79), Rußland verlange „wie eine Dame von ihrem Verehrer", daß Deutschland Rußlands Wünsche errate! Gewiß werden auch im großherzoglichen Tagebuch Irrtümer sein. Oncken sagt bei der Pontusfrage (2, 178 — 15. Nov.): „Der König hat aber sogleich nach Petersburg telegraphieren lassen, er sei mit dem russischen Vorgehen in keiner Weise einverstanden." Diese Notiz des Großherzogs entspreche nicht der tatsächlichen Antwort Wilhelms I. — Vielleicht hatte der König befohlen, so nach Petersburg zu telegraphieren, und Bismarck hatte den Befehl ins Sänftigliche umzuwandeln verstanden. Busch, 3, 475, erzählt: „der König meine, daß es gut sei, dem Kaiser von Rußland noch einmal zu schreiben und ihm über die Gortschakowsche Note die Meinung zu sagen". — Chef (natürlich Bismarck): ich meine nicht. — Bismarck an Prinz Reuß in Petersburg: „Meaux, 16. September 1870: ... Sr.

Auch die Erlasse in Band 6b der Werke Bismarcks zeigen aufs neue, daß Bismarck schon 1866 während der Friedensverhandlungen die Pontusfrage im Auge hatte: er schreibt am 9. August 1866 (Bd. 6, 114) an Edwin Frhr. v. Manteuffel, damals Spezialgesandten in Petersburg: „Wenn russische Wünsche wegen Befreiung vom Pariser Frieden bezüglich Schwarzen Meeres auftauchen, so behandeln Sie dieselben entgegenkommend. Wir haben am Fortbestande der Beschränkungen kein Interesse." Als Botschafter in Petersburg 1859—1862 wird Bismarck solche Wünsche erraten oder beobachtet haben, und er hat, darin liegt die Größe, nicht nur gesehen, wie schmerzlich diese Hemmungen den Russen waren, sondern von vornherein erkannt, daß es der Russen gutes Recht war, sie beseitigen zu wollen, weil sie in sich verkehrt, psychologisch falsch berechnet, eine Sicherung für die Gegner auf Kosten — man könnte wohl sagen, der internationalen Selbstachtung waren. Wohl verpflichtet der große Deutsche sich die Russen, aber er hilft zugleich der inneren Notwendigkeit. — Lange hält er diese Kombination in Bereitschaft, allemal, wenn er russisches Wohlwollen braucht, denkt er an sie, und er vergißt nicht, welchen Dienst er ihnen damit geleistet. Für den Kronprinzen im „Tagebuch" ist Rußland Englands Gegenspieler, also der schwarze Mann im Schwarzen Meer. Wie wenig war doch damals der Sinn für die eigenartige Neutralität, die den einen der beiden Kämpfer mit Munition versorgt, selbst in dem Geschädigten entwickelt! Und wie erschütternd wirken heutiger Zeit, gegenüber jener Bismarckschen Bemerkung über die Pontusklausel des Pariser Friedens: „. . . für eine große Nation eine auf die Dauer nicht erträgliche Demüthigung"[1]) des Kronprinzen

---

Majestät in Gegenwart des Kronprinzen vorgetragen und wiederholt die Eurer Durchlaucht bekannte Bereitwilligkeit gefunden, die Wünsche Rußlands in bezug auf das Schwarze Meer, die wir für berechtigt halten, zu unterstützen und nicht nur Frankreich, sondern auch den anderen Mächten gegenüber zu vertreten." Wie anders gerade in der Pontusfrage der Großherzog Bescheid wußte als der Kronprinz, den, wie Meisner mit Recht sagt, der Kanzler als „Anglophilen absichtlich ohne offizielle Nachrichten gelassen" (Tagebuch, 219, Anm. 1), ist im Text erörtert.

[1]) Vgl. G. u. E. 2, 104: „politisch unvernünftigen und deshalb auf die Dauer unmöglichen Stipulationen" und „die Anziehung, welche einer entschlossenen und tapferen Politik innewohnt, wenn sie Erfolg hat und dann sich in vernünftigen und ehrlichen Grenzen bewegt" (ebenda 89). — Man beachte, wie der Kanzler in den G. u. E. bei der Pontusfrage hervorhebt, daß er hier mit seinem Schachzuge nicht nur dem preußenfreundlich gelenkten Nachbarvolke, sondern eben dem berechtigten und durch einen

juristische Worte im vollen Tagebuch (S. 222): „es steht zu besorgen, daß namentlich England sich ein so einseitiges und darum widerrechtliches Lossagen von verbrieften Rechten am wenigsten gefallen lassen wird." S. 219: „Heben die Unterzeichner des Friedens von 1856 denselben durch gemeinsamen Beschluß auf, so bleibt alles in gesetzmäßigen Bahnen; wenn hingegen sich nur einer der Beteiligten von dem Vertrage lossagt, fragt man doch umsonst, wo noch Recht und Gesetz gefunden werden sollen."

Rechtsidee im Privatrecht und Rechtsidee im Völkerrecht oder auch in der Politik, das ist der Gegensatz, und darum ward diese Seite des „Tagebuches" hier vorweggenommen. — Man wird auf den Eingriff der Veröffentlichung in die kanzlerischen Nerven schließen können. Die große Kriegszeit stieg vor ihm auf, die Kämpfe, die er siegreich bestand, und nun sah die Welt, wie der Thronerbe damals, z. B. über eine großartige, von langer Hand angelegte Aktion zur Sicherung Preußens durch Unterstützung Rußlands gedacht, geurteilt! — Überdies hatte Bismarck (an den Prinzen Reuß nach Petersburg unter dem 16. September 1870) geschrieben: „Sr. Majestät in Gegenwart des Kronprinzen vorgetragen und dabei die Eurer Durchlaucht bekannte Bereitwilligkeit gefunden, die Wünsche Rußlands in bezug auf das Schwarze Meer, die wir für berechtigt halten, zu unterstützen, und nicht nur Frankreich, sondern auch den anderen Mächten gegenüber zu vertreten." Der große Kanzler ignoriert tunlichst die englischen Sympathien für Frankreich, weiß aber den Russen an sich zu fesseln: der Kronprinz sieht nicht die politische Tragweite für Preußen, er sieht nur die Wirkung des Vertragsbruches auf Englands Stimmung und allenfalls die Möglichkeit von Verwicklungen mit diesem Lande.

Was beschäftigte die Gedanken des Kanzlers, als Geffckens Pfeil ihn traf?

Vom 18.—20. September hatte er in Friedrichsruh[1]) den österreichisch-ungarischen Minister der Auswärtigen Angelegenheiten, Grafen Kalnoky, bei sich zu Gast; mit dem Grafen hatte er,

---

Machttraktat unklug beleidigten Ehrgefühle einer großen Nation zu Hilfe kommt; indessen er bei laufenden Interessenfragen, später, z. B. als die Engländer Ägypten in Verwaltung nahmen, den Standpunkt nicht nur hat, sondern auch an die anderen erklären läßt: Deutschland ohne Interesse, daher Deutschlands Haltung nur von Versagung oder Gewährung von Gegengefälligkeiten abhängig!

[1]) Neben dem Gesandten Preußens am Vatikan: v. Schlözer.

gerade im Hinblick auf den bevorstehenden kaiserlichen Antrittsbesuch in Wien, die Lage besprochen; über dieses pour parler meldet er noch am 20. dem Kaiser (Große Politik 6, 343) zunächst: „es habe sich unsre[1]) Übereinstimmung darüber festgestellt, daß keiner der Beherrscher der drei Donauländer[2]) seiner Aufgabe leider gewachsen ist . . ." Dann kommt er auf den Prinzen von Wales: dieser, der spätere Edward VII., war ja, mit dem Prime Minister Palmerston (Lord Feuerbrand) schon Anfang der sechziger Jahre Preußen minder günstig gesinnt, als seine königliche Mutter; die Königin hielt es für die Aufgabe ihrer Tochter, dereinst als Königin von Preußen, durch Einwirkung auf ihren Fritz, aus Preußen einen englischen Tochterstaat in jedem Sinne zu machen, wünschte aber eben darum einstweilen ein mäßiges Emporsteigen Preußens. 1888 hatte der Prinz von Wales mit seiner dänischen Gattin bei Anwesenheit in Berlin den Versuch gemacht, für die Anwartschaft des hannöverschen Herzogs von Cumberland (des Schwagers der Prinzessin) auf Braunschweig und für die Rückgabe des französischen Lothringens an Frankreich Stimmung zu machen; dadurch gab das fürstliche Paar wohl den Anstoß zu einer scharfen Verwerfung solcher Ideen in einer Rede des jungen Kaisers; der Kanzler aber nahm Veranlassung, dem Prime Minister Lord Salisbury mitteilen zu lassen, daß der Prinz von Wales „eine Politik zu treiben scheine, welche mit derjenigen des englischen Ministeriums in Widerspruch stehe." — Als nun Kaiser Wilhelm II. den Kaiser Franz Joseph besuchen wollte, wünschte der Prinz von Wales, der in Ungarn jagte, auch mit von der Partie zu sein; aber es ward abgewinkt! Hierüber berichtet der Fürst weiter: „daß[3]) der Kaiser Franz Joseph ganz aus eigenem Antriebe und ohne Einwirkung des Prinzen Reuß[4]) habe sagen lassen, daß er mit Euerer pp. bei dieser Gelegenheit ohne Beteiligung anderer Fürstlichkeiten zu verkehren wünsche, und daß die stärkere Form der Eröffnung durch den englischen Botschafter notwendig geworden wäre, weil der Prinz mildere Andeutungen nicht habe verstehen wollen. Ich vermute, daß Seine Königliche Hoheit der Prinz von Wales mit dem Verlangen, der Zusammenkunft beider Majestäten beizuwohnen, uneingestanden politische Zwecke verband; entweder

---

[1]) Bismarcks und Kalnokys.
[2]) Rumänien, Serbien, Bulgarien.
[3]) wie Kalnoky ihm mitgeteilt.
[4]) Des kaiserlich deutschen Botschafters in Wien.

den einer antirussischen Attitude à trois, oder den der Information resp. der Möglichkeit, als Augen- und Ohrenzeuge über die Begegnung reden zu können. Nach Kalnokys Ansicht steckt in Seiner Königlichen Hoheit noch heut die Erinnerung an und die Vorliebe für die westmächtliche Freundschaft mit Frankreich, wenn auch nicht mit der Republik. Ich erlaube mir, dies anzuführen, damit Euere pp. bei der Begegnung in Wien über die Genesis der Vorgänge zwischen dem Kaiser Franz Joseph und dem Prinzen von Wales unterrichtet sind." Es folgt ein Absatz über Kalnokys Schweigen und Reden über Rußland mit dem Resumé: „Ich fand Graf Kalnoky im ganzen weniger besorgt wegen Rußland, geringschätziger gegen Frankreich und die balkanischen Fürsten und wohlwollender gegen Italien als bei früheren Gelegenheiten; ganz fest im Bedürfnis des Zusammenhaltens mit uns und im Vertrauen auf diesseitige gleiche Intentionen."

Aus dem letzten Satze klingt der Stolz des Kanzlers über die Verwirklichung seines Programmes vom Abend von Königgrätz: „Jetzt gilt es, das vertraute Verhältnis mit Österreich wiederzugewinnen"[1]), des Programmes, um das er 1866 in Nicolsburg, einer gegen alle, und 1879 mit allen gegen den Kaiser, gerungen! Des Programmes, das der Heidelberger Rechtslehrer Ernst Immanuel Bekker (Das Völkerrecht der Zukunft, 1915, S. 20) also zeichnet: „Und erinnern wir uns dann eines Mannes im letzten Jahrhundert, vielleicht des größten Politikers, den die Erde überhaupt gesehen. Mäßigung im Erfolge, nach Möglichkeit Vermeidung von allem, was zu bleibender Verbitterung führen würde, Anerkennung auch des Gegners als eines Gleichstehenden und Hinblick auf eine Zukunft, wo ein festes Bündnis mit ihm

---

[1]) Vgl. den Erlaß an den Botschafter in St. Petersburg v. Schweinitz vom 25. Februar 1887 über Frankreich; der Erlaß bezweckte, Rußland darüber beruhigen zu lassen, daß trotz scharfer Drohungen in seinen Septennatsreden der Kanzler keineswegs beabsichtige, Frankreich zu mißhandeln, wenn es Deutschland angriffe und abermals besiegt würde. „Die russische Annahme, als ob wir Frankreichs Großmachtstellung dauernd vernichten wollten, ist (also) eine kurzsichtige; wir brauchen Frankreich in den politischen Konstellationen nach Umständen sogar mehr, als Rußland desselben zu bedürfen glaubt. Wenn wir von Frankreich angegriffen würden und siegten, so würden wir doch nicht an die Möglichkeit glauben, eine Nation von 40 Millionen Europäern von der Begabung und dem Selbstgefühl wie die Franzosen vernichten zu können. — Wir würden deshalb den aussichtslosen Versuch, Frankreich als Macht zu vernichten, niemals unternehmen . . ." (Große Politik 6, S. 177, Nr. 1253).

auch uns förderlich sein dürfte. Das sind die Gedanken, aus denen Staatenverbände und Staatenrechte wie selbstverständliche Dinge hervorsprießen."

Der Kanzler führte nun den neuen Herrn in seine Rolle ein bei dessen erstem Auftreten als Träger des Deutsch-Österreichischen Bündnisses: Er erinnert sich wohl, daß Wilhelm II. als Kronprinz im Mai desselben Jahres angriffslustige Notizen gegen Rußland geschrieben, und läßt durchblicken, daß man Rußland sich selbst überlassen solle: vielleicht eine Warnung für die Gespräche in Wien? So hatte er dem jungen Kaiser am 4. Juli 1888 ein pro notitia für den ersten Besuch in Rußland überreichen lassen, so an Wilhelm I. 1887 zum Besuche Alexanders III. Vielleicht hatte er seine Gründe, diesmal nur Andeutungen in Form eines Berichtes über Unterredungen mit Kalnoky zu geben. — Der Minister versetzt eben seinen Herrn vor wichtigen Begegnungen in die durch das Staatswohl geforderte Stimmung. Haben doch Bismarck und Gortschakow 1863 auch die Konzepte für die Staatsbriefe ihrer Majestäten entworfen (G. u. E. 2, 176).

Also trieb der Kanzler am 20. September 1888 des Herrn Geschäfte, also die Politik, die unter ihm eine „Große" geworden war; organisch, eines jeden Landes berechtigtes Interesse vor Augen; mit Österreich als Schirmer des Friedens; den Frieden pflegend, wie er seinen Sachsenwald pflegte und pflegen ließ. Und wie eine Rückkehr in die Steinwüste, die ihm die Großstadt war, kam es über ihn, als der 21. ihm dieses ins Haus brachte:

„In der heut ausgegebenen Nummer der Deutschen Rundschau sind Mitteilungen aus dem Tagebuch des Kaisers Friedrich enthalten. Die Redaktion bemerkt, „um jeden Zweifel an dem Ursprung der Veröffentlichung auszuschließen", daß Kaiser Friedrich dem Einsender sein während des französischen Feldzuges geführtes Tagebuch „mitgetheilt" und daß dieser Einsender nur aus Gründen der Discretion sich auf die nachfolgenden Auszüge beschränkt habe.

Der Einsender nennt sich nicht, es wird auch nicht behauptet, daß Kaiser Friedrich die Veröffentlichung des Tagebuches veranlaßt oder auch nur gestattet hat. Man wird daher zu der Annahme gedrängt, daß Kaiser Friedrich um diese Veröffentlichung nicht gewußt hat, und daß diese, wenn sie auch ohne Vorwissen der Kaiserlichen Erben erfolgt sein sollte, eine unbefugte ist und einen Akt strafbaren Nachdrucks darstellt.

Die Aufzeichnungen umfassen die Zeit vom 11. Juli 1870 bis 8. März 1871, sie bestehen meist in abgerissenen Sätzen, die nur zuweilen zu zusammenhängenden Schilderungen sich erheben, wie z. B. S. 11 (Sedan) oder S. 18/19, wo eine heftigere Diskussion mit Ew. Durchlaucht den Gegenstand bildet.

Drei Leitmotive gehen durch die Aufzeichnungen:
1. ein ausgeprägter unitarischer Grundzug, welcher auch auf die Mediatisirung der deutschen Bundesfürsten abzielt (vgl. S. 9, 12, 14, 15, 19, 22, 25),
2. ein nicht selten bei den Haaren herbeigezogenes offenes Bekennen zu linksliberalen Grundsätzen (S. 7, 15, 16 „Twestens Tod ist ein unersetzlicher Verlust", S. 20 „im Gegensatz dazu erfrischt mich ordentlich die Sprache der Volkszeitung, die den Nagel immer auf den Kopf trifft", S. 22, 26, 31 „zumal ich der erste Fürst sein werde, der den verfassungsmäßigen Einrichtungen ohne allen Rückhalt ehrlich zugethan, vor sein Volk zu treten hat"),
3. eine fortdauernd feindselige Stimmung gegen Ew. Durchlaucht und eine Verkleinerung hochdero Verdienste (S. 5, 10, 12, 15, 18/19, 24, 25, 27, 30).

Einzelne Äußerungen in dem Tagebuch scheinen geradezu veröffentlicht zu sein, um Verstimmungen in unserer inneren Politik hervorzurufen, wie z. B. S. 26 die Mittheilung, daß das Konzept zu dem Brief des Königs von Bayern wegen der Kaiserkrone nicht in München habe richtig gefaßt werden können, oder S. 18 und 21 über das Papstthum und die katholische Kirche.

Besonders hervorzuheben sind noch die anglophilen Bemerkungen S. 14, 16 und 18.

Es ist zweifelhaft, ob der Abdruck des Tagebuchs nach dem Original erfolgt ist. Mitunter scheint es, als ob Zusätze eingeschoben sind, so z. B. S. 28 die Bemerkung über des jetztregierenden Kaisers Majestät, oder S. 15 die Aufzeichnung zum 18. October.

Über die Person des Einsenders ist nichts bekannt, auffallend ist das vielfache rühmende Hervorheben des Herrn von Roggenbach (S. 9, 16, 27, 31). Jedenfalls werden die Aufzeichnungen aus dem Tagebuche Kaisers Friedrich von der fortschrittlichen Presse ausgebeutet werden und die Veröffentlichung unmittelbar vor den Wahlen läßt es mehr als wahrscheinlich erscheinen, daß sie auf Initiative und unter Beihilfe fortschrittlicher Parteigänger erfolgt ist.

Kayser."

Der Legationsrat Kayser, der so berichtete, war später Kolonialdirektor im Auswärtigen Amte, — als solcher auch an der Proburischen Krüger-Depesche von 1895 beteiligt. Dann wurde er Senatspräsident am Reichsgericht.

Das Natürliche ist, daß der Kanzler sogleich die ganze, dem Bericht beiliegende Publikation durchlas: man kann aber auch daran denken, daß er zunächst einmal die vom Legationsrat besonders als ernstes Ärgernis angemerkten Stellen nachschlug; wegen der letzteren Möglichkeit, und da das Ganze hier nicht abgedruckt werden kann, gebe ich die genannten Stellen wieder, die dem Leser ein Bild von dem Eindruck geben werden, den die Preisgebung der kronprinzlichen Urteile von 1870 an die Öffentlichkeit auf den Kanzler machen mußte. Dabei behalte ich im Prinzip die Reihenfolge der Kayserschen Zitate bei, setze aber allen voran das wichtigste Stück, die Unterredung vom 16. November 1870 über die Zukunft des deutschen Staatengebäudes.

Legationsrat Kaysers Zitate und Zeitungen

I. Zitate aus Geffckens Tagebuch

16. November: ... Gespräch mit Bismarck über die deutsche Frage, er will zum Abschluß kommen, entwickelt aber achselzuckend die Schwierigkeiten; was man denn gegen die Süddeutschen thun solle? ob ich wünsche, daß man ihnen drohe? Ich erwidere: „Jawohl, es ist gar keine Gefahr, treten wir fest und gebietend auf, so werden Sie sehen, daß ich Recht hatte zu behaupten, Sie seien sich Ihrer Macht noch gar nicht genügend bewußt." Bismarck wies die Drohung weit ab und sagte, bei eventuellen äußersten Maßregeln dürfe man am wenigsten damit drohen, weil das jene Staaten in Österreichs Arme treibe. So habe er bei Übernahme seines Amtes den festen Vorsatz gehabt, Preußen zum Krieg mit Österreich zu bringen, aber sich wohl gehütet, damals oder überhaupt zu früh mit Sr. Majestät zu sprechen, bis er den Zeitpunkt für geeignet angesehen. So müsse man auch gegenwärtig der Zeit anheimstellen, die deutsche Frage sich entwickeln zu sehen. Ich erwiderte, solches Zaudern könne ich, der ich die Zukunft repräsentire, nicht gleichgültig ansehen; es sei nicht nöthig, Gewalt zu brauchen, man könne es ruhig darauf ankommen lassen, ob Bayern und Württemberg wagen würden, sich Österreich anzuschließen. Es sei nichts leichter, als von der hier versammelten Mehrzahl der deutschen Fürsten nicht bloß den Kaiser proclamiren, sondern auch eine den berechtigten Forderungen des deutschen Volkes entsprechende Verfassung mit Oberhaupt[1]) genehmigen zu lassen, das würde eine Pression sein, der die Könige nicht widerstehen könnten. Bismarck bemerkte, mit dieser Anschauung stehe ich ganz allein; um das gewollte Ziel zu erreichen, wäre es richtiger, die Anregung aus

---

[1]) Das volle Tagebuch hat: Oberhaus. Die übrigen Abweichungen bleiben hier unerwähnt.

dem Schoße des Reichstags kommen zu lassen. Auf meinen Hinweis auf die Gesinnungen von Baden, Oldenburg, Weimar, Coburg deckte er sich durch den Willen Sr. Majestät. Ich erwiderte, ich wisse sehr wohl, daß sein Nichtwollen allein genüge, um eine solche Sache auch bei Sr. Majestät unmöglich zu machen. Bismarck entgegnete, ich mache ihm Vorwürfe, während er ganz andere Personen wisse, die jene verdienten. Hierbei sei die große Selbständigkeit des Königs in politischen Fragen zu berücksichtigen, der jede wichtige Depesche selbst durchsehe, ja corrigire. Er bedaure, daß die Frage des Kaisers und Oberhauses überhaupt discutirt sei, da man Bayern und Würtemberg dadurch vor den Kopf gestoßen. Ich bemerkte, Dalwigk habe sie ja angeregt. Bismarck meinte, meine Äußerungen müßten nachteilig wirken, er fände überhaupt, der Kronprinz dürfe dergleichen Ansichten nicht äußern. Ich verwahrte mich sofort auf das bestimmteste dagegen, daß mir in solcher Weise der Mund verboten werde, zumal bei solcher Zukunftsfrage, ich sähe es als meine Pflicht an, bei Niemandem Zweifel gerade über meine Ansicht zu lassen usw. (Die mehr persönlichen Auseinandersetzungen können hier wegbleiben, dagegen sei noch bemerkt, daß das volle Tagebuch noch einen Absatz enthielt, den der veröffentlichte Auszug weggelassen, und der also beginnt: „Geschenkt habe ich dem Bundeskanzler nichts" und schließt: „wie ich seiner bisherigen deutschen Politik durchaus abhold bin.")

1. Unitarist

S. 9. 6. August (Abend von Wörth): Eine Unterredung mit Roggenbach gewährte mir willkommene Zerstreuung nach allen gewaltigen Eindrücken dieses Tages. 7. August: ... Mit Roggenbach mehrere anregende Gespräche gehabt ... ich bleibe dabei, daß wir unmöglich nach erlangtem Frieden uns mit der bloßen Anbahnung neuer Bestrebungen im deutschen Sinne begnügen können, vielmehr verpflichtet sind, dem deutschen Volke etwas Ganzes, Greifbares zu bieten, und man hierfür das Eisen der deutschen Cabinette schmieden muß, so lange es noch warm ist.

S. 12. 3. September: Donchéry. Bismarck besucht mich, wir behalten Elsaß, in deutscher Verwaltung für Bund und Reich, der Kaiseridee wurde kaum gedacht, ich merkte, daß er ihr nur bedingt zugethan sei, und nahm mich in Acht, nicht zu drängen, obwohl ich überzeugt bin, daß es dazu kommen muß, die Entwicklung drängt dahin und kann nicht günstiger kommen als durch diesen Sieg. . . . Meine Sorge, daß das Resultat des Krieges den gerechten Erwartungen des deutschen Volkes nicht entspreche.

S. 14. 30. September: Nach Ferrières, günstige Nachrichten von Delbrück zu Bismarck's Überraschung. Ich rede S. M. auf die Kaiserfrage an, die im Anrücken begriffen, er betrachtet sie als gar nicht in Aussicht stehend, beruft sich auf du Bois-Reymond's Äußerung, der Imperialismus liege zu Boden, so daß es in Deutschland künftig nur einen König von Preußen, Herzog der Deutschen geben könne. Ich zeige dagegen, daß die drei Könige uns nöthigen, den Supremat durch den Kaiser zu ergreifen, daß die tausendjährige Kaiser- oder Königskrone nichts mit dem modernen Imperialismus zu thun habe, schließlich wird sein Widerspruch schwächer.

S. 15. 10. October: . . . Bismarck faßt die Kaiserfrage ins Auge, sagt mir, er habe 1866 gefehlt, sie gleichgiltig behandelt zu haben, er habe nicht geglaubt, daß das Verlangen im deutschen Volke nach der Kaiserkrone so mächtig sei, als es sich jetzt herausstelle, und besorgt nur Entfaltung großen Hofglanzes, worüber ich ihn beruhige.

S. 19. 16. November (s. oben S. 14).

S. 22. 9. December: Ich erfahre Delbrück's Vorbringen in der Kaiserfrage, das über alles Maß schwach, matt und trocken, es war kläglich, als ob er die Kaiserkrone in altes Zeitungspapier gewickelt aus der Hosentasche gezogen, es ist unmöglich, in diese Leute Schwung zu bringen. Man fragt, ob dieser Bund das Resultat aller Opfer sein solle, ein Werk, das nur den Männern passe, für welche und von denen es gemacht. Ich bin mir wohl bewußt, welche unendliche Mühen und Beschwerden mir einst die heutigen Unterlassungssünden bringen werden. Ich habe indeß dem Commandanten v. Voigts-Rheetz befohlen, in der Stille die Salle des glaces freizuhalten. Der Großherzog von Baden sagt, der heute scheinbar leere Kaisertitel werde bald genug zur vollen Bedeutung gelangen.

S. 25. 17. Januar: ... Bei Berathung des Titels bekennt Bismarck, daß bereits bei Berathung der Verfassung die bayerischen Bevollmächtigten das „Kaiser von Deutschland" nicht hätten zulassen wollen und daß er endlich ihnen zu Liebe, aber allerdings ohne Se. Majestät vorher zu fragen, die Formel „deutscher Kaiser" zugestanden habe. Diese Bezeichnung mißfiel dem König ebenso wie mir, aber vergeblich. Bismarck suchte zu beweisen, daß „Kaiser von Deutschland" eine Territorialmacht bedeute, die wir über das Reich gar nicht besäßen, während „deutscher Kaiser" die natürliche Consequenz des Imperator Romanus sei. Wir mußten uns fügen, jedoch soll im gewöhnlichen Sprachgebrauch das „von Deutschland" zur Anwendung kommen, die Anrede sein „Ew. Kaiserl. und Königl. Majestät", niemals das K. K. gebraucht werden. Da wir also bekennen, keine Territorialmacht über das Reich zu besitzen, so ist der Träger der Krone nebst seinem Erben gewissermaßen aus der königlichen Familie von Preußen allein herausgenommen und dadurch wird meine Ansicht hinfällig, daß unsere gesamte Familie den kaiserlichen Titel erhalten solle.

2. Liberal

13. November; Bloß S. 216 des vollen Tagebuches, nicht bei Geffcken: (Mit wahrem Wohlgefallen lese ich die Leitartikel der Volkszeitung über die Wahlen, ihre Warnungen, sich durch die Kriegserfolge nicht beirren zu lassen, sondern an dem liberalen Prinzip unter allen Umständen festzuhalten, sind mir aus der Seele geschrieben, wie überhaupt die Sprache jenes Blattes während der ganzen Kriegszeit würdig und gehalten gewesen ist.)

S. 7. 29. Juli. Karlsruhe. Unser Hauptgedanke ist, wie man nach erkämpftem Frieden den freisinnigen Ausbau Deutschlands weiterführe.

S. 14. 6. October: Bismarck will correct nichts überstürzen; er mißbilligt Jacobi's Verhaftung und besorgt deren Einfluß auf die Wahlen, kann aber den König nicht zur Befreiung überreden.

S. 15. 18. October (N. B. Geburtstag! Nach Kayser's vortrefflicher Vermutung eingeschoben): Unverkennbar blicken viele mit Vertrauen auf die Aufgabe, die einst, so Gott will, in meinen Händen ruhen wird, und ich empfinde für die Lösung derselben auch eine gewisse Zuversicht, weil ich weiß, daß ich mich des in mich gesetzten Vertrauens würdig erweisen werde. — S. 16: ... Twesten's Tod ist ein unersetzlicher Verlust.[1])

---

[1]) Das hohe Lob für den Abg. Twesten wird bei Bismarck schwerlich freundliche Gefühle ausgelöst haben. Indem er (G. u. E. 2, 273) erzählt: „ein Denkmal seiner Flüchtigkeit hat sich der Reichstag von 1867 . . . gesetzt . . .", erwähnt er: „Der wegen seiner Gründlichkeit gerühmte Twesten stellte den Verbesserungsantrag, die drei ersten Nummern zu streichen . . ., hatte aber offenbar den zu verbessernden Artikel nicht zu Ende gelesen und das ‚Endlich' stehen lassen", woraus sich ein schwerer sprachlicher Verstoß in dem Texte der Verfassung herleitete. Wenn der Fürst Twestens „Gründlichkeit" hervorhebt, so mag man sich erinnern,

S. 20. 21. November: Wir bleiben doch am grünen Tisch ewig dieselben, im Gegensatz dazu erfrischt mich ordentlich die Sprache der Volkszeitung, die den Nagel immer auf den Kopf trifft.

S. 22. 9. December: Ich bin mir wohl bewußt, welche unendlichen Mühen und Beschwerden mir dereinst die heutigen Unterlassungssünden bringen werden. (Gemeint?) 10. Der König ist erregt über Delbrück's Verfahren, der König von Sachsen habe seine Überraschung aussprechen lassen, er fürchtet die Reichtagsdeputation, weil es aussehe, als ob die Kaisersache vom Reichstage ausgehe, und will sie nicht empfangen, bis er die Zustimmung sämtlicher Staaten durch den König von Bayern hat.

S. 26. 17. Januar: Von Reichsministern war keine Rede, Bismarck wird Reichskanzler (dieses gemeint? Sonst nur Bemerkungen über des Königs Halten zum alten Preußen).

S. 26. 18. Januar: Meine und meiner Frau Aufgabe ist doppelt schwer geworden, aber ich heiße sie darum auch doppelt willkommen . . .

S. 31. 7. März: Ich zweifle an der Aufrichtigkeit für den freiheitlichen Aufbau des Reichs und glaube, daß nur eine neue Zeit, die einst mit mir rechnet, solches erleben wird. Solche Erfahrungen, wie ich sie seit zehn Jahren gesammelt, können nicht umsonst gesammelt sein. In der nunmehr geeinten Nation werde ich einen starken Anhalt für meine Gesinnungen finden, zumal ich der erste Fürst sein werde, der, den verfassungsmäßigen Einrichtungen ohne allen Rückhalt ehrlich zugethan, vor sein Volk zu treten hat.

3. Feindselig gegen Bismarck

S. 5. 15. Juli: Bismarck sagt mir, daß er mit Roon und Moltke dem König bis Brandenburg entgegenfahre, unterwegs trug er mit großer Klarheit und würdigem Ernst, frei von seinen sonst gewöhnlich beliebten kleinen Scherzen seine Ansicht über den Stand unseres Verhältnisses mit Frankreich vor, . . .

S. 10. 23. August: Benedetti's Project schadet uns in England, er hätte sich ohne Bismarck's Ermuthigung keine solche Sprache erlaubt.

S. 12. 3. September: Donchéry. Bismarck besucht mich, wir behalten Elsaß, in deutscher Verwaltung für Bund oder Reich, der

---

daß in eben dieser Zeit Twesten den zu Tode gehetzten Ausspruch Bismarcks gegen das preußische Wahlrecht, mindestens halb, spöttisch als einen solchen bezeichnet hatte, der dem Urheber eine Verfolgung wegen Herabwürdigung von Staatseinrichtungen zuziehen könnte.

Kaiseridee wurde kaum gedacht, ich merkte, daß er ihr nur bedingt zugethan sei, und nahm mich in Acht, nicht zu drängen, obwohl ich überzeugt bin, daß es dazu kommen muß, die Entwicklung drängt dahin und kann nicht günstiger kommen als durch diesen Sieg. (Vgl. oben S. 5.)

S. 15. 10. October: Bismarck faßt die Kaiserfrage ins Auge, sagt mir, er habe 1866 gefehlt, sie gleichgiltig behandelt zu haben, er habe nicht geglaubt, daß das Verlangen im deutschen Volke nach der Kaiserkrone so mächtig sei als es sich jetzt herausstelle, und besorgt nur Entfaltung großen Hofglanzes, worüber ich ihn beruhige.

S. 18/19. 16. November (s. oben S. 4) (Pontusfrage, unten S. 21).

S. 24. 31. December: Bismarck, den ich im Bett finde, und dessen Zimmer einer wahren Rumpelkammer gleicht, erklärt, ohne Bayerns Zutritt keine Inaugurirung vornehmen zu können. Ich bat ihn dann, doch den historischen 18. Januar ins Auge zu fassen, was ihm zuzusagen schien.

Ebenda. 1. Januar: ...; worauf ich Delbrück zu dem kunstvoll gefertigten Chaos Glück wünsche.

S. 25. 17. Januar: Bei Berathung des Titels bekennt Bismarck, daß bereits bei Berathung der Verfassung die bayerischen Bevollmächtigten das „Kaiser von Deutschland" nicht hätten zulassen wollen, und daß er endlich ihnen zu Liebe, aber allerdings ohne Se. Majestät vorher zu fragen, die Formel „deutscher Kaiser" zugestanden habe.

S. 27. 18. Januar: Nachdem Se. Majestät eine Ansprache an die deutschen Souveräne verlesen, trat Bismarck vor und verlas in tonloser, ja geschäftlicher Art die „Ansprache an das deutsche Volk"; bei den Worten „Mehrer des Reichs" bemerkte ich eine zuckende Bewegung in der ganzen Versammlung, die sonst lautlos blieb.

S. 30. 25. Februar: Zum gewöhnlichen Vortrag kommend, fragte mich der Kaiser, was ich denn zum unglaublichen Ergebnis der gestrigen Unterhandlung sage, die bis in die Nacht gedauert hatte? Als ich ihn ganz verdutzt ansah, weil wie gewöhnlich Niemand für gut befunden, mir etwas mitzutheilen, wollte er es mir nicht glauben.

26. Februar: Unterzeichnung. Wo finden sich die Männer, welche mit richtigem Blick die wahren Prinzipien aufzustellen vermögen, um diesen Erfolgen zur Seite zu stehen? Der Kaiser

bringt die Nachricht, daß, nachdem noch den ganzen Tag unterhandelt, um 5 Uhr gezeichnet ist, umarmt mich, Moltke und Roon. Als ich Bismarck meine Überraschung über die Nichtmittheilung ausspreche, entschuldigt er sich mit der späten Stunde und der gänzlichen Erschöpfung seiner Beamten. Er gestand, daß die große Scheu, vor unseren Militärs das Aufgeben von Metz zu rechtfertigen, ihn hauptsächlich bestimmt, an diesem Waffenplatz festzuhalten.

4. „Um Verstimmungen in unserer Inneren Politik hervorzurufen"

a) König von Bayern

S. 21. 30. November: Ein Concept Bismarck's für den Brief des Königs wegen der Kaiserwürde an Se. Majestät ist nach München gegangen, der Großherzog sagt mir, man habe dort nicht die richtige Fassung zu finden vermocht und sich dieselbe von hier erbeten, der König von Bayern hat den Brief wahrhaftig abgeschrieben und Holnstein bringt ihn!

b) Katholische Kirche

S. 18. 12. November: Ledochowski erkundigt sich, ob der Papst Aufnahme in Preußen finden werde? Bismarck würde das Verlassen Roms für einen ungeheuren Fehler Pio Nono's halten, aber sein Aufenthalt in Deutschland könne gut wirken, weil die Anschauung der römischen Priesterwirthschaft die Deutschen curiren werde. Der König und ich sind entschieden dagegen.

S. 21. 24. November: In der römischen Frage fürchtet er (N. B. Odo Russell) einst großen Schaden für die Dynastie Savoyen als Folge der Occupation Roms, er erwartet von Pio's Nachfolger weitgehende demokratische Reformen innerhalb der katholischen Kirche, so daß es mit der Zeit einem thatkräftigen Papst wohl gar gelingen könne, die geistliche mit der königlichen Herrschaft über Italien zu vereinigen (?).

England

S. 14. 2. October: Die Königin Victoria, die unseren Thaten mit rührender Theilnahme folgt, hat Sr. Majestät telegraphirt, um ihn angesichts der Favre'schen Friedensversuche zur Seelengröße zu ermahnen, ohne daß sie jedoch irgend ein praktisches Mittel zu empfehlen vermöchte.

S. 16. 18. October: Ich entdecke, daß man Übles gegen England im Schilde führte, das ist vorüber, aber ob die Vorliebe für Rußland und Amerika nicht doch einmal dem Haß gegen England Luft macht, kann kein Mensch wissen.

S. 18. 11. November. Bismarck schickt Abeken, der sich einen Vollbart stehen läßt, um auf mein Billet zu antworten, daß er die Sprache unserer Presse gegen England beklage und demgemäß Eulenburg instruirt habe, auch Bernstorff ist in diesem Sinne geschrieben. Bismarck stimmt durchaus nicht mit ihm, seine Noten und was er hierher schreibe, seien vor Langstieligkeit kaum zu lesen usw.

16. November (NB. Pontusfrage): Unsere Vertreter sollen passiv bleiben, der König ist sehr betroffen und sagt mir, diese Überraschung sei außer allem Spaß, in England wird dies sicher als eine Rache für die Waffenausfuhr genommen. Bismarck aber stellt jedes Mitwirken in Abrede.

Roggenbach

S. 9. 7. August: Mit Roggenbach mehrere eingehende Gespräche gehabt, ich bat ihn, nur den Inhalt kurz und bündig, womöglich in Paragraphenform, für mich niederzuschreiben. Seine Vorschläge sind beachtenswerth, wiewohl ich dieselben nicht ganz präcis nennen kann, vielmehr oft sehr abweichender Meinung bin, es ist das natürlich, wenn man seine Ansichten über die zukünftige Gestaltung Deutschlands in einer Zeit austauscht, in der sich noch nicht übersehen läßt, welche Tragweite die von mir errungenen Siege haben werden. Ich bleibe dabei (NB. daß dem deutschen Volke etwas Ganzes, Greifbares zu bieten etc.).

S. 16. 30. October: Roggenbach ist und bleibt der einzig Vernünftige und Zuverlässige unter den anwesenden Staatsmännern.

S. 27. 22. Januar: Da es keine Reichsminister geben wird, wofür ich Roggenbach empfohlen hätte, sähe ich ihn gerne im Elsaß verwendet, wo er gründlich Bescheid weiß. Man muß Nichtpreußen heranziehen, aber der Kaiser wird nichts davon hören wollen.

S. 31: Ich suche Bismarck für Roggenbach als Statthalter des Elsaß zu gewinnen, fiel aber ganz damit durch.

Die Wirkung auf das Publikum war zunächst nicht überwältigend, — nicht zu vergleichen mit der der Veröffentlichungen vom November 1908 über die englischen Kaiserinterviews. Die freisinnige Presse beeiferte sich begreiflicherweise, den toten Kaiser für sich in Anspruch zu nehmen. Der „Berliner Börsen-Courier" schrieb: „Ihr (der freisinnigen Partei) Wahlprogramm liegt in dem Tagebuch Kaiser Friedrichs, — auf dieses Programm mögen die Wähler an die Urne gehen." — Aber der Kanzler! Welches mußte sein Erstaunen sein, als er veröffentlicht sah, was doch ein Freund des heimgegangenen Monarchen hätte verschleiern sollen: dieser nachmalige Deutsche Kaiser habe dem Kanzler Drohungen gegen die verbündeten süddeutschen Könige angeraten, wenn diese die geplante Erhöhung des preußischen Königs nicht bewilligen wollten! Was sollte diese posthume Veröffentlichung, wo doch die ins Leben getretene Einigung durch 17 Jahre sich bewährt hatte! Ja, was erstrebte diese unbefugte Enthüllung, wenn nicht als ein „Ferment der Dekomposition" zu wirken! Wenn man diese eine Indiskretion ins Auge faßt, so kann man der Schlußwendung in Bismarcks Polemik, wonach „diese anonyme, dem Umsturz dienende Publikation in erster Linie sich gegen den Kaiser Friedrich richte", bei allem Eingeständnis der doppelten Front dieser Polemik doch eine gewisse innere Wahrheit nicht absprechen. Das Reichsgericht hat später dem Veröffentlicher des Auszuges attestiert, daß der Beschuldigte — kurz gesagt Staatsheimlichkeiten — öffentlich bekanntgemacht hat, „daß jedoch für die Annahme des Bewußtseins des Beschuldigten, daß der fragliche Artikel Nachrichten der bezeichneten Art enthalte, genügende Gründe nicht vorhanden sind," — ebensogut konnte Bismarck betonen, daß wenigstens dieses Geschoß sich gegen Kaiser Friedrich richte, — wenn auch der schlechte Schütze das Bewußtsein von dieser Richtung nicht hatte!

Wenn wir die Akten als maßgebend ansehen, äußerte sich der Fürst auf diese Sendung noch nicht, sondern wartete eine zweite, den Rapport über die Zeitungsmeinungen, ab: dieser Rapport, am 22. p. m. präsentiert, brachte folgendes:

II. Zeitungssendung

Berlin, den 22. September 1888.

Die heutigen Tagesblätter beschäftigen sich eingehend mit den Aufzeichnungen von Kaiser Friedrich.

Die Norddeutsche Allg. Ztg., sowie die Kreuzzeitung haben von denselben keine Notiz genommen. Die Post begleitet den Abdruck nur mit der Bemerkung, daß die Aufzeichnungen mit den sonst beglaubigten Kundgebungen des verewigten Herrschers übereinstimmen.

Den Löwenantheil nimmt die Fortschrittliche Presse in Anspruch, deren drei Hauptorgane „Freisinnige Zeitung", „Vossische Zeitung" und „Berliner Tageblatt" den freisinnigen Kaiser in überschwenglicher Weise feiern und für den Vater und Förderer der Reichsidee erklären. Besondere Folgen zieht bereits der Berliner Börsen-Courier, indem er aus dem Tagebuch nachweist, daß die deutschen Fürsten, wie immer, auch im Jahre 1870/71 der Reichsidee feindlich gegenüber standen. Das fortschrittliche Blatt begrüßt das Tagebuch auch noch aus anderen Gründen. Einmal werde es beitragen, daß Reichsminister geschaffen werden; sodann ersetze es das Programm der freisinnigen Partei: „die freisinnige Partei — so heißt es — hat bisher keinen Wahlaufruf erlassen. Sie hat es nicht mehr nöthig. Ihr Wahlprogramm liegt in dem Tagebuch Kaiser Friedrichs — auf dieses Programm mögen die Wähler an die Urne gehen." Die Volkszeitung gibt keinen Kommentar; sie fürchtet wahrscheinlich, daß die Kenntnis von dem ihr durch Kaiser Friedrich gespendeten Lob ihre meist sozialdemokratischen Leser abtrünnig machen könne. Auch die „Germania" hat sich noch jedes Kommentars enthalten; bei allen Ereignissen von größerer Tragweite pflegt sie erst die Ordre aus dem Jesuitenlager und von Windthorst abzuwarten, ehe sie spricht. Von der nationalliberalen Presse wird die Frage erhoben, ob die Veröffentlichung erlaubt und opportun war. Die „National-Zeitung" behauptet, daß die Aufzeichnungen weder bedeutend sind, noch Diskretion geübt worden ist; sie hebt hervor, daß, während Fürst Bismarck handelte, der damalige Kronprinz doch nur ein Zuschauer gewesen ist. Auch die von demselben als Chaos bezeichnete Reichsverfassung habe sich doch bewährt. Bemerkenswerth ist aus dieser Presse der Artikel der Börsenzeitung, welcher die Veröffentlichung als eine Drohung und die ganze Publikation als eine Erfindung bezeichnet.

Von der ausländischen Presse liegt nur ein im fortschrittlichen Sinne verfaßtes Telegramm der Daily News vor.

Kayser.

Wirklich wichtig[1]) ist der Artikel der Börsenzeitung vom 22., Morgenausgabe, der die Echtheit seinerseits bezweifelt und dessen darauf sich beziehende Darlegungen ich daher abdrucke:

Berliner Börsen-Zeitung. 22. 9. Morgenausgabe.

Solange der Publicist nicht mit unumstößlicher Beweiskraft klarstellt, daß das, was er der „Deutschen Rundschau" als Tagebuchblätter des verstorbenen Kaisers Friedrich verkauft hat, thatsächlich aus der Feder des Verstorbenen stammt, so lange halten wir die ganze Publikation für eine Erfindung.[2]) Wir schließen dies aus dem Inhalt der Blätter selbst. Eine Durchsicht der letzteren ergibt, daß es sich im besten Falle um mündliche Mittheilungen handelt, die hinterdrein mehr oder weniger glücklich „redigiert" wurden, denn daß, wie vielleicht angenommen wird, die Tagebuchblätter wirklich in

---

[1]) Aus den übrigen, dem Bericht beigelegten Zeitungsnummern bringe ich hier nur einiges. Der Fürst unterstreicht auffallende Stellen (manchmal doppelt), rahmt sie auch wohl ein, macht am Rande Ausrufungszeichen, so, wenn eine Zeitung Initiative und Energie des Kronprinzen bewundert, oder wenn der Thronerbe für die dem Kanzler unmöglichen Reichsministerien von den Zeitungen in Anspruch genommen wird. Mit Fragezeichen begleitet er z. B. die Behauptung der „Freisinnigen Zeitung", daß Fürst Bismarck selbst anfangs nur bedingungsweise dem Kaisergedanken geneigt war; zum Zitat derselben Zeitung aus dem „Tagebuch" (30. September): „ich zeige dagegen, daß die drei Könige uns nöthigen, den Supremat durch den Kaiser zu ergreifen" usw., schreibt Bismarck: „sie sollten Herzöge werden, wollte S. K. H." oder: die Aufzeichnungen tragen das Datum des 14. November, schreibt eine Zeitung, und sollte 16 schreiben, nach dem Tagebuch: da schreibt Bismarck, nach seiner (irrtümlichen) Auffassung, 2. September, und kritisiert wie folgt die Zeitungsangaben: erklärte der Minister in Folge jener Unterredung? die Kaiserfrage nun ernster in Angriff zu nehmen, oder, wenn zitiert wird: „Ich fühle mich nur noch als Deutscher" schreibt er dabei: Roggenbach??. — Beim Börsen-Courier, der sagt: „Märchen sind es gewesen, welche berichteten, daß die Fürsten dem deutschen Volke in patriotischer Opferwilligkeit vorangegangen seien", steht: Doch — oder: „. . . woraus sich zum Theil die Klage des Kronprinzen über mangelnde Unterrichtung erklärt", steht oben drüber: wegen mangelnder Discretion nach England hin. — Wenn die National-Zeitung schreibt: „Politisch noch bedenklicher . . . Bismarck habe . . . erzählt, daß er nach Beendigung des Krieges gegen die Unfehlbarkeit vorgehen wolle", bemerkt Bismarck: unwahr! der Prinz wollte es, u. ich sagte: davon nach dem Kriege. Und bezeichnend, zu den Worten der National-Zeitung: „An dem, was der Kronprinz damals in ein Tagebuch schrieb, wird Niemand Kritik üben wollen" zwei ?? am Rande, die eben die Echtheit bzw. Tagebuchwahrheit bezweifeln.

[2]) Das Unterstrichene ist von Bismarck unterstrichen.

vorliegender Form existirten und von einer Seite der Öffentlichkeit übergeben worden seien, welche zu dem Bestreben berechtigt ist, den Unvergeßlichen in seiner ganzen Seelengröße zu zeigen, das können wir darum nicht glauben, weil jene Seite[1]) weder den Weg der Anonymität gewählt, noch eine Zeitschrift zur Publication benutzt hätte. Sollte dies aber trotz alledem und alledem der Fall sein, dann würde die Veröffentlichung jener Stellen, welche unserer Ansicht nach das Elaborat als Erfindung charakterisiren, zu einem Räthsel werden, das zu lösen wir unvermögend sind.

. . .

Hierzu rechnen wir . . . gewisse kleine Bemerkungen in Bezug auf den tapferen, verdienstlichen Prinzen Friedrich Carl, ferner die geradezu gefährliche[2]) Indiscretion, Fürst Bismarck habe am 24. October 1870 gesagt, er wolle nach Beendigung des Krieges gegen die Unfehlbarkeit vorgehen . . .

. . . Wozu wird die, übrigens längst bekannte Thatsache, trotz der angeblich angewandten Discretion, hervorgehoben, daß das Concept des Briefes, worin der König von Bayern dem König Wilhelm die Kaiserwürde anbot, von dem Reichskanzler herrührte[3]) . . .

. . .

Wir müssen dabei bleiben: Hat ein Wissender die Publication veranlaßt, dann glauben wir immer noch an nachträgliche Redactionen. Ein thatsächlich neuer Beitrag zur Geschichte der großen Zeit wird durch die Publication nicht beigebracht. Sie ist, stamme sie woher immer, in der vorliegenden Form verfehlt . . .

. . . Tagebuchblätter, die sporadisch aphoristische Bemerkungen allgemein giltiger Art enthalten, im Übrigen sichtlich nur Erinnerungsmerkmale für den Verfasser bilden, an deren Veröffentlichung er — gesetzt es sei bei der Publication völlig lauter zugegangen — niemals gedacht haben könnte.

Daily News, 21. 9.

. . . but it appears from it also, that the then Crown-Prince was the real moving spirit in the formation of the new Empire.

---

[1]) Kaiserin Friedrich gemeint?
[2]) Bismarck schrieb an den Rand: unwahre.
[3]) Bismarck: aber nicht bestellt war.

Der Fürst durfte nach dieser Blumenlese argwöhnen, daß die Freisinnige Partei hinter der Publikation stecke und sie, wie auch sein Rat ihm unterbreitete und der Börsen-Courier schon tat, für die bevorstehenden Preußenwahlen ausschlachten werde. Sicherlich drückte ihn der Alb der kronprinzlichen Neigung nach links, und der Widerwille gegen die Wiederaufnahme des Erledigten — faux frais —, jener Widerwille, den er in dem ersten formellen Entlassungsgesuch, in der Frage des Frankfurter Schuldnachlasses, so herzbewegend in den Vordergrund seiner Motive treten läßt, packte ihn auch jetzt! Wie aber reagierte er nun?

Zunächst, nach den mir zugänglichen Akten, durch ein Telegramm an das Auswärtige Amt vom 23. September, um 12,30 Uhr nachmittags: „Das angebliche Tagebuch Kaiser Friedrichs als Kronprinz enthält nach meinen Erinnerungen so starke chronologische und thatsächliche Irrthümer, daß ich die Echtheit bezweifle, namentlich für unmöglich halte, daß der ganze Inhalt von dem Kronprinzen selbst herrühre und täglich, also in frischer Erinnerung aufgezeichnet worden sei. Ich bitte, diesen meinen Eindruck S. M. mitzutheilen, wenn sich Gelegenheit findet. Einstweilen empfiehlt sich, dem Zweifel an der Echtheit publicistisch Ausdruck zu geben. N(amens) S(einer) D(urchlaucht). I(n) M(undo)." — Dieses Telegramm wurde in Berlin dem Rat Kayser als Dezernenten zugeschrieben und von ihm durch Mitteilung an Köln. Ztg., Dr. Fischer, Telegr.-Büro, erledigt.[1])

---

[1]) Über den Gegenstand des Telegramms ergeht eine, vom Fürsten durchgesehene Aufzeichnung von seiten des Grafen Rantzau, des Eidams und diensttuenden Rats, zu den Akten: „Friedrichsruh, den 23. 9. 88. Betrifft das ‚Tagebuch' des Kronprinzen. Das Auswärtige Amt ist heute mit Weisung versehen, bezüglich eines Telegrammes an Wolff, und eines Artikels in der Nat.-Ztg. oder Köln. Ztg., wodurch die Ächtheit der Publikation in Frage gestellt wird, sowie wegen einer Anfrage beim Kriegsminister über den Zeitpunkt der Verleihung des Max-Joseph-Ordens an den Kronprinzen, und der ersten Verleihung von Eisernen Kreuzen an Nichtpreußen. Zu dem Inhalt des ‚Tagebuches' bemerkte S. D. einstweilen noch, daß die etwas gereizte Unterredung mit dem Kronprinzen seiner Erinnerung nach nicht am 14. October 1870 in Versailles, sondern am 2. September in Donchéry stattgefunden hätte. Die ihm in den Mund gelegte Äußerung, ‚er habe 1866 gefehlt, die Kaiserfrage gleichgiltig behandelt zu haben', sei ganz unmöglich und nie gethan worden. Das ‚Verlangen des Volkes' sei dabei ganz ziemlich gleichgiltig gewesen*); aber der

---

*) „gewesen" schiebt Bismarck ein; „ganz ziemlich" streicht er.

Vom 23. September stammt auch ein Diktat an den Grafen Rantzau, den Eidam und diensttuenden Rat, der erste Entwurf für eine offizielle Äußerung.

Die Diagnose des Kanzlers ist derjenigen der Börsen-Zeitung vom Tage vorher so ähnlich, daß, wenn es zeitlich möglich sein sollte, eine Befruchtung der Zeitung von Friedrichsruh her in den Kreis der Erwägungen träte; Busch nennt die Berliner Börsen-Zeitung die Bleichrödersche. Elaborat ist ein Bismarckscher Kunstausdruck, den er z. B. auf die Kaisererlasse vom Februar 1890 (Arbeiterschutz oder Arbeiterzwang, G. u. E. S. 53, 54) nicht weniger als dreimal anwendet. Vgl. S. 110. 117.

König*) sei weder damals noch auch später dazu zu bringen gewesen. Im Jahre 1866 würde die Annahme des Kaisertitels den Ausschluß Bayerns gewiß, den Württembergs ziemlich sicher besiegelt haben. Der „Kaiser von Nord"-Deutschland würde gar keine historische Bedeutung gehabt haben und nur eine Art von Empereur gewesen sein."

---

*) „König" unterstreicht er.

Konzept von Graf Rantzaus Hand

1. Reinkonzept

Die eingeklammerten [] Teile sind im Original durchgestrichen, die in *Kursivschrift* wiedergegebenen Worte sind im Original nachträglich darüber geschrieben — von Bismarck.

Abschrift zu R 3036.

Friedrichsruh, den 23. 9. 1888.

Ich halte das in der deutschen Rundschau veröffentlichte „Tagebuch" in der Form, wie es vorliegt, nicht für ächt. [Obschon] S. [K. H.] *M.* der damalige Kronprinz *stand allerdings* außerhalb der politischen Verhandlungen* [blieb nach dem durch das Bedürfnis der Discretion England gegenüber bestimmten Willen S. M. des Königs, ist es doch kaum] *ist es kaum* möglich, daß bei täglicher Niederschrift der empf[undenen]*angenen* Eindrücke so viele [und so starke] Irrtümer thatsächlicher, namentlich aber chronologischer Natur in den Aufzeichnungen enthalten sein könnten, [als darin sind. Bei der strengen Wahrheitsliebe des Kronprinzen ist nicht anzunehmen, daß von S. K. H. Selbst tägliche Aufzeichnungen durch spätere Zusätze irrthümlicher Natur modificirt worden wären.] Es [ist wahrscheinlicher], *scheint vielmehr*, daß entweder die täglichen Aufzeichnungen selbst, oder doch [die] spätere[n] Correkturen von [irgend] Jemand aus der Umgebung des Kronprinzen herrühren. *Sie könnten deshalb doch in letzter Redaction von der Hand des Herrn geschrieben sein.*

* *Ich besaß nicht die Erlaubnis des Königs, über intime Fragen unserer Politik mit S. K. H. zu sprechen, weil S. M. davon einerseits Indiscretionen an den französisch gesinnten englischen Hof fürchteten, andrerseits Schädigungen unsrer Beziehungen zu den deutschen Bundesgenossen wegen der zu weitgesteckten Ziele u. der Gewaltsamkeit der Mittel die S. K. H. von politischen Rathgebern zweifelhafter Natur empfohlen waren. Der Kronprinz stand also außerhalb aller ernsthaften Verhandlungen. Nichtsdestoweniger*

[Das angebliche Tagebuch enthält irrthümliche Angaben, über deren Unrichtigkeit der Kronprinz nicht im Zweifel war.] Gleich in den ersten Zeilen wird gesagt, daß ich am 13. 7. 1870 den Frieden für gesichert gehalten hätte und deshalb nach Varzin zurückkehren wollte, während aktenmäßig feststeht, daß ich *schon damals* den Krieg für [unvermeidlich] *nothwendig* hielt, und *unter Rücktritt aus dem Amt* nach Varzin zurückkehren [wollte und mein Amt niederlegen] wollte, [für den Fall, daß] *wenn* der Krieg unterbliebe.* [Es geht dies auch schon] aus den späteren Aufzeichnungen *vom 15. auch* auf der ersten Seite *schon* hervor*geht*, nach welchen [ich] de[m]*r* Kronprinz[en] am 15. 7. [„klar gemacht hatte] *mit mir einverstanden war*, daß Frieden und Nachgeben bereits unmöglich seien. Es ist auch (S. 6) nicht richtig, daß S. M. der König *damals* nichts wesentliches gegen die Mobilmachung eingewendet, und ebenso wenig, daß S. K. H. der Kronprinz auf [sofortige] Mobilmachung gedrungen hätte. Der König entschloß sich zu*r*** [derselben] proprio motu nach*dem* S. M. *mir die wiederholte* [zweimaliger] Verlesung der Ollivier'schen Rede, [nachdem S. M. die Mobilmachung während der Reise von Brandenburg wiederholt abgelehnt hatte.] *befohlen hatte, u. dieselbe als gleichbedeutend mit französischer Kriegserklärung ansah. S. K. H. der Kronprinz war* Über die Nothwendigkeit [davon] *der Mobilmachung* [war der Kronprinz] bereits am Tage vorher *mit mir* einverstanden und [schnitt] *hat* weitere Schwankungen des Königs durch Verkündigung der Königlichen Entschließung der Mobilmachung an das Publikum d. h. *an* die anwesenden Offiziere ab*geschnitten.* Es ist ferner nach meinen damaligen Besprechungen mit dem Kronprinzen [kaum] *nicht* möglich, daß S. K. H. (S. 7) mit

* *darüber war S. K. H. mit mir einverstanden, wie das*

** *Genehmigung meines auf der Fahrt von Brandenburg nach Berlin abgelehnten Antrages auf volle Mobilmachung.*

diesem Kriege einen „Ruhepunkt" im Kriegführen vorausgesehen haben soll, da S. K. H. mit mir darüber *vollständig* einig war, daß der Krieg die Eröffnung eines kriegerischen Jahrhundert sein werde, und [ihn] dennoch [für] nothwendig [hielt] *sei*. S. 16 scheint unmöglich, daß der Kronprinz gesagt habe, „ich setze die Verleihung des eisernen Kreuzes an Nicht-Preußen mit Mühe durch"; [da ich] noch in Versailles, *also Monate später habe ich* im Auftrage des Königs den Kronprinzen zu bitten gehabt [habe], das eiserne Kreuz auch an Nicht-Preußen zu verleihen, und S. K. H. *haben* dies mit den Worten [ablehnte] *abgelehnt*, „habe ich denn schon einen Bayerischen Orden?" Damit steht die Angabe des Tagebuchs S. 19 in Widerspruch, daß der Kronprinz vom König von Bayern den Max-Joseph-Orden erhalten habe. Ob dies [oder die Versailler Äußerung] ein Irrthum ist*, wird sich aktenmäßig ermitteln lassen. Ganz auffällig ist der chronologische Irrthum, daß eine besonders lebhafte Discussion über die Zukunft Deutschlands und über eventuelle Anwendung von „Gewalt" gegen die süddeutschen Fürsten *u. Truppen* erst in Versailles stattgefunden habe. [Es war dies der Fall] *Dieses Gespräch fand* am 3. 9. in Donchéry *statt* und bei einer *noch* früheren [Gelegenheit] *Besprechung von mehrstündiger Dauer*, von welcher ich mich nur entsinne, daß sie [vorher und] zu Pferde, also wahrscheinlich bei Beaumont oder Sedan stattfand. In Versailles ist die Möglichkeit einer Gewaltthat gegen unsere Bundesgenossen von S. K. H. nicht mehr [geäußert] *angeregt* worden. Es ist nicht denkbar, daß [der Kronprinz sich in dieser Beziehung täuschen konnte] *dieser Beziehung des Datums ein Irrthum stattfinden konnte*, wenn ein regelmäßiges Tagebuch durch tägliche Eintragungen

* *oder ob es S. K. H. bei seiner Äußerung in Versailles entfallen war,*

entstanden wäre. Ebensowenig stimmt mit den Thatsachen, was in dem „Tagebuch" bezüglich meiner Stellung zur Kaiserfrage 1866, oder zur Infallibilitätsfrage oder zu der des Oberhauses und der Reichsministerien angeführt ist. Der Kronprinz ist nie darüber zweifelhaft gewesen, daß ich ein Oberhaus, in welchem die Könige von Bayern und Sachsen mit der Preußischen Herrenhaus-Curie auf einer Bank sitzen [würden] *sollten*, stets für unmöglich gehalten habe.* S. 10 wird berichtet, daß S. M. den Entwurf zu dem Briefe an den Kaiser Napoleon an Graf Hatzfeld dictirt habe; der Kronprinz war zugegen, als ich diesen Entwurf dem Grafen Hatzfeld dictirte und demnächst S. M. zur Genehmigung vorlas; es ist [undenkbar] *nicht glaublich*, daß bei einer täglichen Einzeichnung ein derartiger Irrthum vorkommen konnte.

Ich halte nach Allem diesem das Tagebuch unter irgend einem Gesichtspunkte für unächt, insoweit es für eine tägliche Aufzeichnung des hochseligen Kaisers Friedrich als Kronprinz ausgegeben wird. Aber wenn es ächt wäre, so würde darauf meiner Ansicht nach der Art. 92 des St.G.B. Anwendung finden, welcher lautet: „Wer vorsätzlich Staatsgeheimnisse oder Nachrichten, deren Geheimhaltung für das Wohl des deutschen Reiches erforderlich ist, öffentlich bekannt macht" usw. Wenn es überhaupt Staatsgeheimnisse [außer geheimen Verträgen] noch giebt, so [würde] *gehört* dazu in erster Linie die Thatsache [gehören], daß bei Herstellung des Deutschen Reiches in den maßgebenden Preußischen Kreisen die Absicht ernstlich erwogen worden sei, den süddeutschen Bundesgenossen den Vertrag zu brechen, und sie zu vergewaltigen. Eine Anzahl anderer Anführungen, wie das angebliche Urtheil S. K. H. des Kronprinzen über die Könige

* *Die Infallibilität war mir stets gleichgültig, ich hielt sie für einen fehlerhaften Schachzug des Papstes, u. das Kaiserthum war 1866 ganz unmöglich u. außer Frage.*

von Bayern und Württemberg, die [Unwahrheit] *Thatsache*, daß der König von Bayern [bei mir] *von mir* den Entwurf seines Schreibens an S. M. den König [bestellt] *erhalten* habe, die angeblichen Intentionen der Preußischen Regierung gegenüber der Infallibilität gehören, *wenn sie wahr sind*, ganz zweifellos in die Kategorie der Staatsgeheimnisse und der Nachrichten, deren Veröffentlichung den Bestand und die Zukunft des Deutschen Reiches gefährdet, *also unter Art. 92 des Strafgesetzes*.

Von Seiten des Justizministeriums hätten m. E. sofort nach dem Erscheinen der Veröffentlichung [repressive] Schritte [gegen dieselbe] *bezüglich derselben* erfolgen müssen.

Wurde die Publication für ächt gehalten, so lag der Fall des Art. 92 I des St.G.B. vor; wenn aber, wie ich annehme, die Veröffentlichung eine Fälschung ist, so tritt in erster Linie der Art. 92 II in Wirksamkeit, und wenn über dessen Zutreffen juristische Zweifel obwalten, so sollte eine staatstreue und monarchistische Justizverwaltung doch [zur] *behufs* Ermittelung des Urhebers der Fälschung die Handhaben schon benutzt haben, welche Art. 131, 189, 266 I, 300, 360, Nr. 11 (Unfug §) zur Auswahl stellen. Selbst wenn das juristische Verfahren wegen der [Unvollständigkeit] *Mängel* des strafrechtlichen Textes in diesem Falle, [bei welchem] *wo* zwischen Landesverrath und Untreue doch *wohl* jedenfalls eine Strafthat vorliegt, den Staat und das Recht in Stich lassen sollte, so würde immer der Unfug § der Staatsanwaltschaft bei richtiger und scharfer Führung die Mittel an die Hand geben, ein Verfahren überhaupt einzuleiten, und durch dasselbe die feindliche Quelle wenigstens aufzudecken, aus welcher [diese] *die vorliegende* Bosheit entspringt *u. weitere vielleicht zu erwarten ist*.

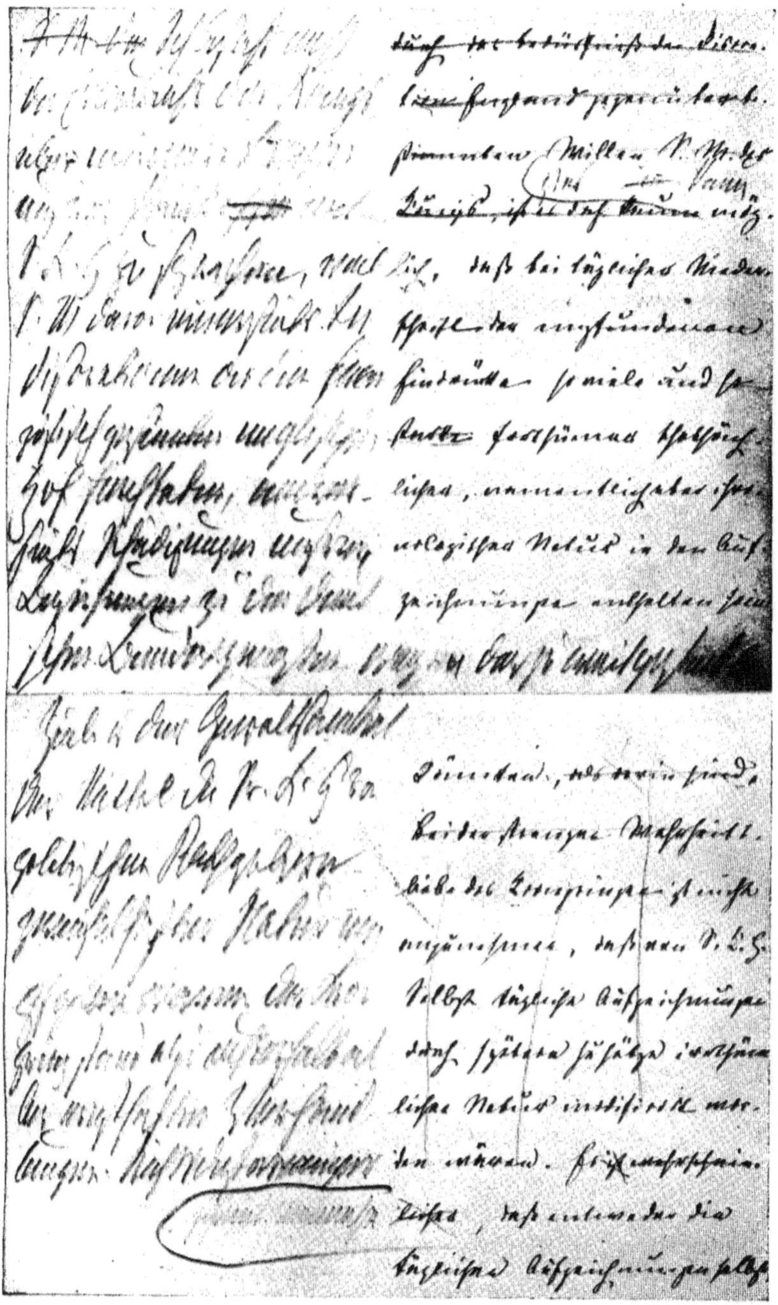

Zu Seite 28 u. 99

Ich wünsche, daß ein Antrag in diesem Sinne vorgehen zu dürfen, sofort und noch morgen bei S. M. gestellt werde und daß gleichzeitig ein vertrauliches Gutachten des Herrn von Schelling eingefordert werde, ob und welche juristischen Angriffslinien gangbar sind. Ich halte es für die bevorstehenden Wahlen, und für den [ganzen] bleibenden Eindruck dieses *bedauerlichen* Vorganges für wichtig, daß der *staatliche u.* juristische Angriff gegen die „Deutsche Rundschau" möglichst schnell und entschieden erfolge. Sollte es gelingen die Fälschung nachzuweisen, so wäre [es jedenfalls] *das* ein politischer Gewinn für die Dynastie und das Reich.

N. S. D.
gez. v. B.

Man mache sich doch nur recht deutlich, was der Fürst bei der Lektüre so gearteter, und also durch seinen vortragenden Rat beleuchteter Stellen aus dem „Tagebuch" und aus den darüber sich ergehenden Journalen empfunden haben mochte: den Ruhepunkt aber wollen wir benutzen, um eine allgemeinere Betrachtung anzustellen über den Einfluß des Vortragenden auf die Stimmung dessen, bei dem die Entscheidung steht.

Die Macht des Beraters

> „. . . eine fortdauernd feindselige Stimmung gegen Ew. Durchlaucht und eine Verkleinerung Hochdero Verdienste." (S. 12)

Bei Fürst Hohenlohe (2, 334) erzählt Franz Xaver Kraus, Professor der Theologie in Freiburg i. Br., auf welche Weise Korum den Bischofstuhl von Trier erhalten, obwohl Wilhelm I. schon einem anderen Kandidaten — nämlich F. X. Kraus selber — Hoffnung gemacht: zwei Minister, Gossler und Puttkamer, seien zum Kaiser gekommen, als gerade die Operation der Kaiserin stattfand, und da habe der Kaiser, ohne zu lesen, Korums[1] Ernennung genehmigt. Später sei der Kaiser darüber sehr erzürnt gewesen. Aber da war es zu spät.

Schier an die Novelle von Anatole France wird man erinnert: Louis Napoléon wünscht im Ministerrat für den Sohn seiner Milchschwester die Stelle als Staatsanwalt in X., der Justizminister entschließt sich aus Operettengründen, einen Mann von verführerischerer Erscheinung dorthin zu senden; so legt man das Dekret dem Kaiser am Montag nachmittag zur Unterschrift vor, da er mit einem Sachkundigen über den Ort einer Cäsarschlacht fachsimpelt, — und er unterschreibt unbesehens!

Das ist der Einfluß des Beraters in grober Form: das eine Mal zufällig, das andere Mal dupiert, unterzeichnet der Herr eine Erklärung, „über deren Inhalt er in Unkenntnis ist".[2]

Aber auch in normalen Fällen ist das Problem da: der Minister unterbreitet dem Souverän, und dann begutachtet er das Unterbreitete. Es ist lediglich Kraftprobe, wieviel dabei hin-

---

[1] Nach den H. N. 27. 6. 95 (von Hofmann als von Bismarck inspiriert genannt, aber nicht abgedruckt) trägt die Hauptverantwortung für die Kandidatur Korum Frhr. Edwin v. Manteuffel, Statthalter von Elsaß-Lothringen und Generalfeldmarschall.

[2] Von Anfechtung ist hier freilich nicht die Rede.

genommen wird, ohne daß es zum Rücktrittsgesuch oder zur Entlassung kommt.

Man muß dabei zweierlei unterscheiden: 1. Ist der Minister verpflichtet, dem Herrn alles Material vorzulegen? 2. Kann er verlangen, daß der Herr sich auf das ministerielle Material beschränkt und sich überhaupt nicht von anderer Seite informiert? Die erste Frage beantwortet der scheidende Kanzler am 17. März 1890 in der Ministerialsitzung ziemlich scharf dahin: „er sei überhaupt nicht verpflichtet Sr. Majestät alle Berichte vorzulegen, die ihm zugingen; er habe darunter die Wahl, je nach dem Inhalt, für dessen Eindruck auf Se. Majestät er glaube die Verantwortung tragen zu können" (3. Band, S. 167). Und einmal plaudert er gar (1870/71), diese Blätter dürfe man S. M. nicht zeigen, weil der denken würde, 's ist wahr.[1]) — Zur zweiten Frage: Bismarck hat, so scheint es[2]), zwar die Beratung des Königs durch unabhängige Persönlichkeiten nicht beanstanden können, aber schwer es ertragen, wenn der König auf andere ausdrücklich sich berief: er erriet, daß der alte König durch beim Frühstück servierte „ad hoc geschriebene Briefe und Zeitungsartikel zu raschen Äußerungen im Sinne antiministerieller Politik gebracht" (G. u. E. 2, 285) wurde, und mußte dies hinnehmen; dann verfocht er eben seine Meinung. Als aber der alte Herr ihm einen Artikel der Spenerschen Zeitung sendet, der Frankfurter Interessen gegen das vom König erst gebilligte, dann eigenherrisch entkräftete ministerielle Votum vertritt, erwidert Bismarck zunächst durch einen stachligen Bericht, und als dieser mit dem Marginale zurückkommt: „Nichtsdestoweniger sagt dieser Zeitungsartikel genau das, was ich seit 2½ Jahren gewollt habe, und nun auch erreicht ist", erfolgte am gleichen Tage das erste Entlassungsgesuch Bismarcks, das sich im Briefwechsel 1, 189 unmittelbar an jenen Bericht anschließt. Das erste war es übrigens nur im formalen Sinne, denn schon Jahre früher hatte Bismarck (Briefwechsel 1, 87) auf ein Immediatschreiben des Unterstaatssekretärs v. Gruner geantwortet, das ihm der König mit billigender Bemerkung zusandte: „. . . daß ich es im Interesse des Allerhöchsten Dienstes

---

[1]) 31. 3. 70: „. . . Alle solche partikularistischen Lügen und Dummheiten, wie kürzlich den 25. und 28., gehören in das letztere Kapitel und dürfen ihm nicht vor Augen kommen. — Wenn der so etwas sieht, schwarz auf weiß, denkt er 's ist wahr. Der kennt ja den Charakter des Blattes nicht."
[2]) Hartung, Forschungen zur Brand. u. Pr. Gesch. 1931 gibt eine Darstellung dieser Einflüsse unter den drei Kaisern.

für nützlich halte, zur Durchführung der den Auffassungen des Herrn von Gruner entsprechenden Politik ein anderes Ministerium oder doch einen anderen Minister der auswärtigen Angelegenheiten zu wählen, . . . Graf Goltz . . . dürfte . . . sich . . . qualificiren." Beide Male hat sich der König auf Informationen durch andere berufen, das eine Mal auf die ihm in die Hände gespielte Zeitungsnotiz, das andere Mal auf das Schreiben des Herrn v. Gruner, von dem Fürst Bismarck mehr denn ein Jahrzehnt später (G. u. E. 2, 203) in einem Briefe urteilt: Gruners „in wichtigen Momenten an Geisteskrankheit grenzende Unfähigkeit".

Vollends die Botschafter, die höchsten Untergebenen im auswärtigen Dienste, angehend: Unzulässig sei es, daß der Botschafter in Immediatberichten dem Souverän eine Politik entwickle, die der des verantwortlichen Ministers zuwiderlaufe und also deren Durchführung erschwere. Derjenige, dem dies theoretisch und sehr praktisch klargemacht wurde, ist Graf Harry Arnim. Er ward abberufen, und dann wegen „Sünden der Diplomatie", die er begangen, zu Gefängnis, später gar noch zu Zuchthaus verurteilt und konnte, da die Erkenntnisse in contumaciam gefällt waren, nicht begnadigt werden. Aber auch an Graf Robert v. d. Goltz, Botschafter in Paris, schon 1863 bei der Schleswig-Holsteinschen Frage: „Wollen Sie (die Politik, über die das Ministerium mit dem König einig ist, und) das Ministerium zu werfen suchen, so müssen Sie das hier in der Kammer und in der Presse an der Spitze der Opposition unternehmen, aber nicht von Ihrer jetzigen Stellung aus." — Weiter: Ende 1886 war die Reichspolitik dabei, dem Reichstag in der Militärvorlage das Septennat abzutrotzen[1]), mit der Begründung der von Frankreich drohenden Gefahr; da berichtet Graf Münster, Botschafter in Paris, dem Kaiser von der Friedfertigkeit der Franzosen (mit General Boulanger als Kriegsminister). Der Graf hatte diesen Immediatbericht korrekterweise beim Reichskanzler durchlaufen lassen, — wohl in Erinnerung an einen Vorgang aus dem Jahre 1878: damals war Bismarck beurlaubt, und in diese Zeit fiel eine lebhafte Korrespondenz sehr hoher Damen über auswärtige Fragen (Briefwechsel 2, 488). Graf Münster hatte von London, wo er damals Botschafter war, Immediatberichte eingereicht und dadurch diese Korrespondenz beflügelt: seine Berichte trugen

---

[1]) Oder, bei dieser Gelegenheit seiner oppositionellen Mehrheit durch Auflösung und Neuwahlen ledig zu werden.

nur das „Allerhöchste präsentirt"; sie waren direkt an den Kaiser gegangen und hatten den Reichskanzler umgangen, und nur der Umstand, daß Se. Majestät auch in diesem Falle „in seiner geraden und ehrlichen Weise" dem Kanzler „die Briefe mittheilte", brachte sie zu dessen Kenntnis; da macht er den Grafen unter dem liebenswürdigen Deckblatt: „Wir sind zu alte Freunde, um dergleichen pointilliös zu nehmen" darauf aufmerksam, daß ihm „außer Arnim in 14 Jahren kein Fall bekannt, daß es geschehe". Jetzt also — Ende 1886 — läuft der antiministerielle Botschafterbericht korrekt beim Kanzler durch und letzterer schreibt dem Absender: „Ich habe zwar als verantwortlicher Minister keine Verpflichtung, bei Sr. Maj. dem Kaiser Auffassungen, die den meinigen entgegentreten, innerhalb meines Ressorts zum Vortrag zu bringen, ich würde mich aber nicht entschließen, Sr. Maj. ein directes Schreiben Ew. Exc. ohne Ihre Zustimmung vorzuenthalten." Der Graf ist fein genug, auf die ihm gefährliche Vorlegung zu verzichten. Das Verfahren des Fürsten ist hier das gleiche, wie dem Botschafter Frankreichs, Benedetti, gegenüber, am Wendepunkt der Luxemburger Frage von 1867: Frankreich will Luxemburg als Pflaster auf die Wunde, die Preußens Erfolg und Vergrößerung von 1866 ihm scheint und darum ist: es hat mit dem König von Holland abgemacht, daß dieser ihm das Ländchen cedire.[1]) Das spürt man in Berlin; der Norddeutsche Bund weiß es aber nicht offiziell. Benedetti besucht Bismarck, will ihm eine Mitteilung machen: Bismarck erwidert, er gehe eben in den Reichstag, um eine Interpellation über Luxemburg dahin zu beantworten, daß er noch keine Mitteilung erhalten; so ermöglichte er dem Botschafter den Schluß auf den Eindruck, den es auf den Reichstag machen würde, wenn er die Mitteilung über die geschehene Zession erhielte: hic bellum pacemque portas! — und Benedetti verzichtet auf seine Mitteilung! Derselbe Modus wie bei Graf Münster: er stellt anheim, läßt aber die Folgen durchblicken.[2])

---

[1]) cette bicoque, „dies Nest", hatte Louis Napoléon es Bismarck gegenüber einst geringschätzig bezeichnet.

[2]) Dieser Hergang (den auch G. u. E. 2, 291 zu bestätigen scheinen) wird jetzt bestritten. Was aber feststeht, ist: Bismarcks Auskunft an den Reichstag am 1. 4. 67 enthielt den Satz: „Die verbündeten Regierungen glauben, daß keine fremde Macht zweifellose Rechte deutscher Staaten und deutscher Bevölkerungen beeinträchtigen werde; sie hoffen, imstande zu sein, solche Rechte zu wahren und zu schützen auf dem Wege friedlicher Verhandlungen und ohne Gefährdung der freundschaftlichen Beziehungen,

Der Minister soll also nach Bismarck der berufene amtliche Berater seines Souveräns sein: seine Aufgabe ist, die Majestät zu überzeugen durch seine Werturteile, und das Material zur Unterstützung dieser Urteile auszuwählen; sendet er Zeitungsausschnitte, so beweisen diese nur, daß die in ihnen enthaltene Meinung im In- oder Auslande vertreten ist, nicht, daß sie dort herrscht oder auch nur überwiegt. So ist denn diese Art Information des Monarchen nicht gerade der Gipfel der Aufrichtigkeit. Aber das Ganze wird getragen und geadelt durch das Gefühl für die ministerielle, konstitutionelle Verantwortung: das Fehlen einer solchen hält Bismarck im Juli 1870 den „Berufssoldaten" Moltke und Roon vor, wie er bei der Erzählung über Nikolsburg betont, daß er der einzige Verantwortliche war; es ist das erste Donner-

---

in denen sich Deutschland bisher zur Genugtuung der verbündeten Regierungen mit seinen Nachbarn befindet. Sie werden sich dieser Hoffnung um so sicherer hingeben können, je mehr das eintrifft, was der Interpellant vorher zu meiner Freude andeutete, daß wir durch unsere Berathungen das unerschütterliche Vertrauen auf den unzerreißbaren Zusammenhang des deutschen Volkes mit und unter seinen Regierungen betätigen werden."

Hiermit vergleiche man für die diplomatische Form, was der Herzog von Grammont am 6. Juli 1870 im gesetzgebenden Körper in Paris erklärte (nach G. u. E. 2, 84): „Wir glauben nicht, daß die Achtung vor den Rechten eines Nachbarvolkes uns verpflichtet zu dulden, daß eine fremde Macht einen ihrer Prinzen auf den Thron Karls V. setze! ... Dieser Fall wird nicht eintreten, dessen sind wir ganz gewiß ... Sollte es anders kommen, so würden wir ... unsre Pflicht ohne Zaudern und ohne Schwäche zu erfüllen wissen."

C'est le ton qui fait la chanson! Es wäre nicht unmöglich, daß der von 1866 (und sicherlich noch mehr seit 1867) grollende Herzog die Worte Bismarcks bei jener Erklärung über Luxemburg im Sinne behalten und hier in seiner Weise in das verwandelt hätte, was Bismarck eine „amtliche internationale Bedrohung mit der Hand am Degengriff" nennt. Hier ist das suaviter in modo der Bismarckschen Äußerung von 1867 darin gelegen, daß nur das Vertrauen in die Kraft friedlicher Verhandlungen ausgesprochen wird, — bei dem ja immer noch — latet anguis in herba, — aber jedes Wort, das den Kriegsfall nennen würde, vermieden ist; während Grammont den akut drohenden Krieg nennt und ihn eben damit heraufbeschwört. — Wieder anders Bismarck am 6. Februar 1888, da er sagt, daß die Gottesfurcht es sei, die „uns den Frieden wahren läßt; wer ihn aber dennoch bricht ..." Hier ist es die durch Jahrzehnte drohende chronische Gefahr, die er beim rechten Namen nennt, und eben, weil sie nicht akut ist, nennen darf, ohne zum Schlimmen zu führen; wird ja doch kein bestimmter Gegner allein ins Auge gefaßt und eben darum keiner speziell herausgefordert, „coramirt".

Auch von den Reden gilt, was Bismarck von den Noten sagt, daß eine stilistische Wendung für Krieg und Frieden entscheidend sein kann.

grollen, daß er dem Grafen Arnim, der Thiers' Sturz gegen Bismarcks Wunsch begünstigt hatte, schreibt: „befinde ich mich in der Lage, die Verantwortlichkeit für diesen politischen Fehler und die sich daraus ergebende ganze Situation auf meine Rechnung zu nehmen, obwohl ich mich nach den Anstrengungen, die ich in der entgegengesetzten Richtung unausgesetzt zu machen gehabt habe, hierzu nicht verpflichtet halten kann" (Große Pol. 1, 190). — Dem Souverän aber deutet er durch Ablehnung der Verantwortung für eine gewisse Politik eventuellen Rücktritt an.

Nicht ohne Behagen wird Bismarck niedergeschrieben haben, wie sehr mangelhaft auch unter anderen Verfassungen die Information des obersten Machthabers oder vielmehr „Rechthabers" ist (denn eben die mangelhafte Information nimmt diesem ja faktisch einen großen Teil der auf dem Papier der Verfassung stehenden Macht): in England ist die Fülle der Macht beim Parlament, jetzt beim Unterhaus; mit Wonne registriert Bismarck (G. u. E. 2, 217), wie Lord Palmerston „1856 im Unterhaus mit einer von der Masse der Mitglieder wahrscheinlich nicht verstandenen Ironie" gesagt, „die Auswahl der dem Parlament vorzulegenden Schriftstücke über Kars habe große Sorgfalt und Aufmerksamkeit von Personen, die nicht eine untergeordnete, sondern eine hohe Stellung im Auswärtigen einnähmen, erfordert"; er nennt unter anderem „die castrirten Depeschen von Sir Alexander Burnes" als „Proben von der Leichtigkeit, mit welcher Parlament und Presse in England getäuscht werden können". Aber wie schließt er: „Im Ganzen wird man aber doch sagen können, daß der Zar leichter zu belügen ist, als das Parlament." Hierin liegt doch ein sarkastisch verhülltes Eingeständnis, daß auch in den dem großen Beurteiler näher liegenden Ländern dem Reichstag und wohl auch anderen Instanzen nicht die volle Wahrheit gesagt werden dürfe; erklärte doch einst dem Norddeutschen Reichstag (22. 4. 1869), der auf ein Weißbuch drängte, der Kanzler, und vielleicht in Erinnerung an Lord Palmerston[1]): wenn die Herren darauf beständen, so wolle er versuchen, „für das nächste Jahr etwas unschädliches zusammenzustellen". Wohin käme auch der Staat, wenn der Minister alles sagen müßte,

---

[1]) In der Sitzung des Norddeutschen Reichstags vom 22. April 1869; er fährt nämlich fort: „Aber ich schrecke vor der Arbeitslast einigermaßen zurück, denn es bedingt eine sehr genaue, durch mich persönlich auszuübende Sichtung jeder einzelnen Depesche, ehe sie veröffentlicht werden kann." Dies ist eben die in den G. u. E. zitierte Motivierung durch den Lord.

— dem Souverän oder dem Parlament![1]) Welche Feinheit der Empfindung hier geschont sein will, zeigt Wilhelms I. Antwort auf eine plumpe Erkundigung: „Ich habe die Frage (ob Krieg) noch nicht einmal meinen Gedanken vorgelegt."

Unser Fall zeigt nun, eine Nummer weiter nach innen, den Einfluß des Rates auf den Minister: freilich kann der Minister dem Rat, der ihm nicht mehr zu Dank ist, das Dezernat nehmen, wie denn Bismarck von den freihändlerischen Räten, die nach seinem Rücktritt den Handelsvertrag mit Österreich durchschafften, sagt, sie seien früher „in unschädlichen Decernaten" beschäftigt worden. Aber solange er es ihm läßt, wird es nicht der Gewohnheit entsprechen, wenn er in concreto einen anderen beauftragt. — Nun ermesse man, welchen Eindruck auf den Fürsten die Schilderung des Rates machen mußte, die dem „Elaborate" beilag: 1. Unitarismus, 2. strammer Linksliberalismus, 3. feindselige Haltung und Verkleinerung Hochdero Verdienste. — Den Ausdruck unter 3. darf man wohl als aufstachelnd bezeichnen; so unverblümte Hervorhebung der kronprinzlichen Feindseligkeit gegen den Kanzler, den kühnen, gewaltsamen Junker, wie das volle Tagebuch ihn nennt[2]), mußte des Kanzlers Ingrimm beflügeln. G. u. E. 1, 141 steht: „ich habe es nie für die Aufgabe eines Gesandten bei befreundeten Höfen gehalten, jedes verstimmende Detail nach Hause zu melden" (vgl. auch den Brief an Schweinitz, S. 116). Auch der Referent kann hier wirken, mindestens durch schonenden Ausdruck. Der Legationsrat hielt es aber wohl auch für wichtig, sich gegen den Vorwurf der Lauheit zu decken, und gab so der Wahrheit in großer Schärfe Ausdruck![3])

Wir werden bald den ersten Entwurf einer kanzlerischen Antwort auf das „Tagebuch" erörtern: dort finden sich Monita des Rates wieder: Anglophilie beflügelte den Satz über den von französischen Sympathien erfüllten englischen Hof; Unitarismus bahnte den Weg zu dem Ausspruch über die gewaltsamen Mittel

---

[1]) Bülow, Denkwürdigkeiten 2, 342: „Ich könne mir nicht im Voraus die Kaiserliche Erlaubnis für jeden Schachzug erbitten, den ich zu tun gedächte. Ich könne Seiner Majestät nicht einmal sagen, wie ich im einzelnen zu operieren beabsichtige. Aber ich glaube bestimmt, daß wir gut durchkommen würden."

[2]) Hierbei denke man an den hobereau Gothique der durch die 1896er Enthüllungen über den Rückversicherungsvertrag erschrockenen Franzosen.

[3]) „Kayser war für Rechtsfragen werthvoll, aber er hatte einen greulichen Stil und von seinen Entwürfen blieb oft kein Stein auf dem anderen", urteilt im Gespräche der Entlassene.

gegenüber den süddeutschen Bundesgenossen[1]); der Hinweis auf die Wahlen findet sich, — die Bezweiflung der tagebuchmäßigen Echtheit ist zum Leitmotiv geworden usw.

Man wird einwenden: der große Kanzler hätte sich sein Urteil von sich aus in der gleichen Weise gebildet; aber umgekehrt kann er auch aus der Schärfe des Berichtes auf den Eindruck geschlossen haben, den das „Tagebuch" auf die Öffentlichkeit machen würde, und daher gewaltiger in der Abwehr aufgetreten sein. — Zeitgenossen und Geschichtsforscher stimmen darin überein, daß Bismarck die Gefährlichkeit des Tagebuchs überwertet hat; vgl. Hohenlohe 2, 450: „er hat sich augenscheinlich in die Sache verbissen und will sie nicht loslassen", worauf er sich nicht scheut, sehr scharf zu schreiben; in der gleichen Richtung Roggenbach in einem Brief an den Abgeordneten Dr. Arendt in: Das Deutsche Volk (1908, S. 17). — Der Bericht des Rates war dazu angetan, eine solche Überwertung zu begünstigen.

---

[1]) Roggenbach wird nur in einer Randnote zu einer Zeitung hervorgehoben, gegen ihn aber dann vorgegangen.

Erster Entwurf

Was diktierte nun der Fürst seinem Eidam? Ein Mémoire für den internen Dienst des Auswärtigen Amtes und für einen Vortrag des Amtes beim Kaiser! Geheim sollte bleiben, was hier aufgeschrieben ward! Geheim, also ohne Retuschierung der Wirklichkeit! — Was aber war der Eindruck des „Elaborates" auf den Fürsten: Da stimmt etwas nicht! Das gibt sich als Tagebuch, ist aber keine Wiedergabe täglicher Notizen, sondern bestenfalls durchsetzt mit späteren Zusätzen, die: alle nicht, oder doch: nicht alle, dem Geiste des Kronprinzen entsprangen, mögen sie auch schließlich von seiner Hand sein! — Dieses Sentiment wird aber durch den Befund des hausministeriellen Berichtes und durch Meisners exakte Wiedergabe der anschwellenden Neubearbeitungen des „Tagebuches", deren letzte der Geffckenschen Veröffentlichung zugrunde liegt, lediglich bestätigt. So war es! Was da vorlag, das war ein vermehrtes, oft verändertes „Tagebuch", auf dessen Umgestaltung sicher andere Einfluß genommen. — Schon der vortragende Rat hatte an spätere Zusätze gedacht, — die Börsenzeitung leugnete die Echtheit krasser Stellen, und sagte, der Herausgeber sei sicher kein Freund des Toten gewesen! — Hier muß auf die Möglichkeit zurückgegriffen werden, daß die Börsenzeitung von Friedrichsruh inspiriert war, und um so mehr, schon weil ihr Ausdruck „Elaborat"[1]) ein Bismarck mundrechtes Wort war. Eine Vermutung hierüber ist für mich schwer, eine Behauptung unmöglich. — Nun geht die Erwiderung darauf aus, die Punkte aufzuweisen, die, sachlich falsch, oder auch nur chronologisch falsch, eben die obige These beweisen. So wird an der innerpolitischen Einstellung nach links, die so gefährlich für die bevorstehenden preußischen Wahlen werden könnte, nicht gerüttelt, wohl aber die Gefährlichkeit für die Wahlen am Schluß hervorgehoben; die andere große

---

[1]) Vgl. S. 27.

Gefahr aber, daß die Drohung mit der Gewalt gerade jetzt, vor dem Kaiserbesuch, Verstimmung hervorrufen könnte, dadurch mit hineingezogen, daß bei der Ausführung des Tagebuches über diesen Punkt ein chronologischer Irrtum behauptet und dieser zum Beweise der Behauptung, daß das kein „Tagebuch" sei, benutzt wird; ohne diesen Zweck wäre der chronologische Irrtum nicht erwähnt worden, wie denn überhaupt alle Punkte nur dem Zwecke dienen, die „Tagebuch"-Authentizität zu bestreiten. Ob hierbei das kanzlerische Gedächtnis nach 18 Jahren immer recht behält, ist nicht so wesentlich, vor allem aber hat der Kanzler in den zeitlich ersten Monita recht: was der Kronprinz über die Tage vor dem Kriege und die Mobilisierung schreibt, korrigiert der Kanzler mit Recht, und wenn er schreibt: „In den Kriegen der Neuzeit, die wir erlebt haben, sind die ersten Schlachten durchweg maßgebend für den Erfolg des Feldzugs gewesen"[1]), so ist ebenso hier zu sagen: fanden sich auf den ersten Seiten des „Tagebuchs" offensichtliche Errata, so legte sich das Urteil des lesenden Fürsten über die Unzuverlässigkeit fest, und er ward geneigt, auch an späteren Stellen Fehlberichte zu sehen. Sein Thema probandum ist erwiesen: Was im „Tagebuch" steht, widerspricht den Tatsachen oft, — darum ist das „Tagebuch" nicht auf den Tag geschrieben. — Was aber erwähnt der Kanzler noch? Nur was aktiv noch fortwirkt, und die Kleinigkeit des Diktates des Sédanbriefes an Graf Hatzfeldt. Zunächst also die Drohung an die Süddeutschen: der Wunsch nach einer solchen ist, so sagt er, vom Kronprinzen ausgesprochen worden, aber nicht im November, sondern im September: in einem „Tagebuch" aber konnte chronologisch so nicht geirrt werden. „Gedroht muß werden!" so dachte damals der Kronprinz. Bismarck dagegen sagte dem Großherzog von Baden (Oncken 2, 188) am 19. 11. 1870: „Benutzen wir diesen Vortheil[2]) nicht, so fällt Bayern in die Hände Österreichs und wird seine Truppen abberufen. Dann sind wir in der Nothwendigkeit, die bayerische Armée zu entwaffnen, und geben der Welt ein Schauspiel deutscher Zwietracht, das alle unsere ferneren Unternehmungen lähmt und sogar das Band mit den übrigen Bundesgenossen in bedrohlicher Weise lockern wird." Der Kanzler malt hier dem Großherzog die Folgen des dem Kronprinzen vorschwebenden Verfahrens aus, so wie Pescara bei Conrad Ferdinand Meyer dem

[1]) H. N. 20. 11. 92 Hofm. 2, 175.
[2]) nämlich die Chance, durch Nachgiebigkeit die Bayern zu gewinnen.

ihn versuchenden Morone erst klarmacht, wie allein sein Ziel praktisch zu verfolgen wäre, — was für Furchtbarkeiten da in Angriff zu nehmen seien! In derselben Linie liegt der dem Kronprinzen sympathische Gedanke an ein Oberhaus, das die Bundesfürsten — vom König von Bayern angefangen — mit Mediatisierten und gar mit minderblütigen Granden zusammen aufnehmen sollte; dazu vgl. Bismarck schon im Norddeutschen Reichstag (22. 4. 1867): „Wir würden in der Versammlung nichtsouveräne Pairs, Mitglieder haben, die ihrerseits geneigt sind, zu rivalisiren mit den mindermächtigen Souveränen in ihrer socialen Stellung. Der Bundesrat repräsentirt bis zu einem gewissen Grade ein Oberhaus, in welchem Seine Majestät der König von Preußen primus inter pares ist, und in welchem derjenige Überrest des hohen deutschen Adels, der seine Landeshoheit bewahrt hat, seinen Platz findet. Dieses Oberhaus nun dadurch zu vervollständigen, daß man ihm nicht-souveräne Mitglieder beifügt, halte ich praktisch für zu schwierig, um die Ausführung zu versuchen. Dieses souveräne Oberhaus aber in seinen Bestandtheilen außerhalb des Präsidiums soweit herabzudrücken, daß es einer Pairskammer ähnlich würde, die von unten vervollständigt werden könnte, halte ich für unmöglich, und ich würde niemals wagen, das einem Herrn gegenüber, wie der König von Sachsen ist, auch nur anzudeuten." So sagt der Kanzler denn auch hier, er habe, und darüber sei der Kronprinz nie im Zweifel gewesen, ein solches Oberhaus stets für unmöglich gehalten. — Damit stimmt vollkommen das Originaltagebuch über Bismarcks Stellungnahme: „Sollten die deutschen Fürsten selbst oder auch der Reichstag mit ähnlichen Vorschlägen hervortreten, so werde er selbstverständlich seine Theilnahme nicht versagen. Dies ist wichtig und muß für kommende Zeiten wohl im Gedächtnis bewahrt werden, es scheint mir aber nicht ganz ehrlich gemeint." Der Instinkt des Kronprinzen, daß dies nicht ganz so gemeint, trifft insofern das Richtige, als die Voraussetzung, die Fürsten selber könnten ein Oberhaus vorschlagen, auf Bayern und Württemberg bezogen, beinahe spöttisch aufzufassen ist, wie einst Bismarcks Wort, der dem auf Abtretung des linken Rheinufers drängenden Versucher antwortete, wenn der König es wolle, werde er es tun, — aber der König hatte (wie Bismarck Vertrauten erzählte) ihm schon versprochen, es nicht zu erlauben! Bei Geffcken klingt dies weicher (S. 16): „Bismarck sagt, er sei nicht principiell gegen Oberhaus und Reichsministerium und wolle später seine Theilnahme nicht versagen." Seine wirklichen Worte (wenn das volle Tagebuch sie genau wiedergibt), waren seine Rettung gegenüber dem Drängen des hohen Herrn, dessen keineswegs sekretierte Stimmung vielleicht dem hessischen Minister Dalwigk den Anstoß gegeben, seinerseits ein Oberhaus zu beantragen.[1]) Niemals aber hat Bismarck eine Beengung namentlich Bayerns über das Maß des Notwendigen hinaus ins Auge gefaßt. Man hat von Ranke das Wort auf eines illustren Franzosen Frage: „Gegen wen führen Sie noch Krieg?" „Gegen Ludwig XIV.!" Der Kronprinz führte noch Krieg gegen Napoléon I., dem drei deutsche Fürsten die Königskrone verdankten: mochte einst Kurfürst Friedrich III. von Brandenburg dem Kaiser die Krone Preußens abgehandelt haben, — das war verjährt und durch ruhmvoll vergossenes Blut geadelt; die kleineren Könige verdankten ihren Übertitel dem Oheim des Mannes, gegen den man jetzt in den Krieg hatte ziehen müssen. Und auch Bayern, obwohl es zwei Armeekorps und also eine Armee hatte, war nicht Großmacht im technischen Sinn! So der Kronprinz. Bismarck aber hatte in Frankfurt als Preuße es jahrelang durchgemacht, was es bedeutet, unmittelbar nach der Präsidialmacht den nächsten, man möchte sagen, den ewigen Kronprinzen zu spielen; er wußte, was es für Bayern heißen werde, im neuen Reich das Preußen des alten Bundestages als erster hinter dem neuen Hegemoniestaate zu sein; daher hat er das, was er als Ideal, und endlich als Voraussetzung des Fortbestehens, für den deutschen Bund ansah, Verständigung zwischen den beiden Großmächten Österreich und Preußen über große Fragen, in gewissen Grenzen auf das Verhältnis von Preußen und Bayern zueinander und zu den kleineren Staaten im Reiche übertragen. Dies auch dem jungen Kaiser jetzt, 1888, noch einmal vorzutragen, lag sehr wohl in der Situation (vgl. Beyerhaus, S. 324) wegen der immerhin auch bei dem neuen Herrn in den Worten: „Parirt muß werden" (3. Band, S. 14) bemerkbar gewordenen Tendenz zum faktischen Unitarismus.

Um die Einstellung des Kanzlers zur Kaiserfrage 1866 in größerem Rahmen zu würdigen, und zugleich die Sicherheit der Aufzeichnungen in Tagebüchern zu betrachten, diene die Erinnerung, daß der Kanzler 1870 schreibt, er habe den Wert, den seine

---

[1]) Der Kronprinz vermutet (Kriegstagebuch von 1866), daß Dalwigk, um ja keine Strafe zu erhalten, den Eintritt Hessens in den Norddeutschen Bund 1866 vorschlug.

Landsleute auf Titel (Kaisertitel) legten, unterschätzt[1]); vielleicht hat er sich dem Kronprinzen gegenüber ähnlich geäußert. Für seine „Gleichgültigkeit gegen Äußerlichkeiten" (G. u. E. 2, 196) sei angeführt, was er dem Großherzog von Baden (Oncken 2, 376) am 1. Januar 1871 sagt, dem Großherzog, dem der Kanzler sich soviel offener erschließt, als dem Kronprinzen, dem Großherzog, der ja auch viel mehr weiß, was ein Fürst einem solchen Staatsmann an Respekt schuldet: der alte König will in Versailles erst vom Kaisertum nichts wissen, dann aber, wenn Kaiser, nicht bloß Deutscher Kaiser, sondern Kaiser von Deutschland heißen, — vielleicht, um seinen Preußen dann wenigstens etwas Erhebendes zu bieten. Der Kronprinz wie der Großherzog wollen wie der alte Herr, Bismarck besteht auf dem „Deutschen Kaiser" und sagt dem Badener: „Ich weiß, daß Sie auch dafür sind (für von Deutschland), aber ich muß wirklich bitten, mich in dieser Sache richtig zu verstehen. Wenn der König den Kaisertitel freudig aufnehmen wollte, so würde ich viel weiter gehen, als es dem König genehm wäre, die Konsequenzen des von ihm gewünschten Titels, Kaiser von Deutschland, durchzuführen. Aber so wie wir sehen, daß es mit den Empfindungen des Königs steht, wo er sich nicht einmal entschließen kann, die Kokarde zu bestimmen, da kann ich es nicht wagen, über das streng Nötige hinauszugehen. Wenn wir zum Beispiel mit Bayern noch Schwierigkeiten haben sollten, so können wir dieselben ohne Schaden für das Ganze nur dann bewältigen, wenn wir nicht weitergehen, als wir gehen können, und wir können nur dann mit Sicherheit weitergehen, wenn der König sich durch Erfahrung gewöhnt hat, Kaiser genannt zu werden . . . Aber auch in anderer Beziehung halte ich es für richtiger, so zu verfahren und der Zukunft die weitere Entwicklung zu überlassen, da ich überzeugt bin, daß schon im nächsten Reichstag die ersten Schritte geschehen werden, um das nun erstandene Reich weiter auszubilden, und dann kann sich der Kaiser den Konsequenzen nicht entziehen." Der Kronprinz notiert bei der entscheidenden Unterredung am 16. November darüber nur „der Bundeskanzler deutete hierbei wiederholt auf die große Selbständigkeit Sr. Majestät des Königs in politischen Fragen hin, wobei er zum Beweise dessen erwähnte, wie Se. Majestät jede wichtige Depesche selbst durchsehe, ja corrigiere". Auch da kommt zum Audruck, daß das Vernünftige nur so zu

---

[1]) Dazu vgl. S. 26 Anm. 1.

erstreben sei, wie es dem Könige mundrecht gemacht werden könne. Man bedenke, wie die dreijährige Dienstzeit dem Minister Mittel war, den König an sich zu fesseln, wie er zu Bennigsen von den Grenzen seines Einflusses auf den König spricht; von der 1866er Kaiserfrage sagt er, nach der Aktennotiz des Grafen Rantzau: Das „Verlangen des Volkes" sei dabei gleichgültig gewesen; aber der König sei weder damals, noch auch später dazu zu bringen gewesen. — Deutschfreisinnige, auch solche von nichtpolitischem hohem Ruhme, haben wohl, 1866 rühmend, gesagt, 1870 sei Fiasko gewesen, und haben von der „Kaisermacherei" gesprochen, gerade wie der Kronprinz von dem „kunstvoll gefertigten Chaos"; aber wie vorsichtig auch die Worte Bismarcks an den Großherzog zu werten sein mögen, — das zeigen sie, daß unter einem Herrn wie „Se. Majestät der damalige Kronprinz" der Kanzler jedenfalls den Formalitäten der Einheit auch einen anderen Dreh hätte geben mögen, unbeschadet seines 66er Wortes: „wir haben eine Höhe erreicht, von der die Wasser von selbst abwärts fließen." So wird er vielleicht über die Kaiserfrage von 1866 auch in Versailles nur eingestanden haben, daß er den Wert, den die Landsleute auf so etwas legten, unterschätzt habe, aber nicht gerade, daß er gefehlt habe, sie gleichgültig behandelt zu haben[1]); sollte er aber auch dies gesagt haben, so hieß das wohl nur, daß er die Kaisersucht 1866 hätte benutzen können, nicht aber, daß er 1866 einen Kaiser hätte machen sollen!

Die Kaiserfrage von 1866 ist ja jetzt durch die Klarstellung der gleichen Frage von 1869/Frühjahr 1870 in den Vordergrund gerückt (s. S. 102); aber das Material widerlegt m. E. nicht die Berichtigung Bismarcks zu den kronprinzlichen Aufzeichnungen. — Evident widerlegbar zugunsten von Bismarcks Kritik ist dagegen die kronprinzliche Unfehlbarkeitsnotiz: „24. October. Bismarck erzählt meinem Schwager, daß er nach Beendigung des Krieges gegen die Unfehlbarkeit vorgehen wolle" (S. 16). Diese Notiz liefert einen sehr äußerlichen, aber zwingenden Beweis für das Vorhandensein von Irrtümern chronologischer Natur: der badische Schwager kam, wie auch Geffckens Auszug enthält, erst Anfang November auf Wunsch des Königs nach Versailles; vom 24. 10. existiert ein Brief von ihm an den Kronprinzen aus Karlsruhe; wie sollte ihm der Kanzler am 24. 10. in

---

[1]) Wie der Kronprinz notiert.

Versailles etwas erzählt haben? In der Tat ist das Original dieser Geffckenschen Verkürzung nicht in dem ursprünglichen, wirklichen Tagebuch enthalten, sondern erst hineingeschoben in der dritten Ausarbeitung, und da heißt es: „24. 10. ... Bismarck hat aus Anlaß von Graf Ledochowskis Anliegen meinem Schwager erzählt, daß er nach Beendigung des Krieges die Absicht habe, energisch gegen diejenigen Katholiken vorzugehen, welche sich dem unerhörten Dogma von der päpstlichen Unfehlbarkeit anschließen würden." Im Tagebuch des Großherzogs habe ich nichts über eine solche Äußerung Bismarcks gefunden, — obwohl der Großherzog über die Jesuiten mit dem König mehrmals geplaudert. — Der Erzbischof, spätere Kurienkardinal Graf Ledochowski, traf am 6. November ein, gleichzeitig mit dem Badener. — Diese Eintragung also konnte nicht „auf den Tag" geschehen sein: hier lag, was der Kanzler aus hochpolitischen Interna erschließen ließ, für das Auge des uneingeweihten Lesers offen da.

Die Eisernen Kreuze an Bayern wird der Kanzler vielleicht um deswillen erwähnt haben, weil er auf seinem alten Herrn es nicht sitzen lassen wollte, daß dieser den Blick nicht hatte, solche preußische Auszeichnung auch den Bayern zu gewähren; die Äußerung „Habe ich denn schon einen bayerischen Orden!" wäre nach Busch (3, 252) „Moltkesch"! — Auch könnte der Kronprinz in Versailles eine Stockung haben eintreten lassen, weil er zeitweilig (volles Tagebuch, S. 225) mit seinen Bayern nicht recht zufrieden war. Aber hier stimmt Bismarcks Kritik nicht. — Vollends bei dem Hatzfeldtschen Briefe: minima ne curemus! da ist auch eine Irrung bei Graf Hatzfeldt möglich. Aber diese Punkte sind für die These: nicht auf den Tag! gleichgültig; diese wird ja durch ein paar flagrante Irrtümer erwiesen. — Beim Hauptpunkte, der Drohung gegen die Süddeutschen, hat der Kanzler mit seiner chronologischen Berichtigung unrecht, das Gespräch war in Versailles und im November![1]) Hauptsächlich erklärt diesen Irrtum die alles überstrahlende Herrlichkeit des nationalen Großtages, an dem der Kanzler auch ein hochpolitisches Gespräch (mit Moltke) führte, und daneben wirkte die Tatsache, daß, ins große gesehen, allerdings der Kronprinz in Versailles der Beistand Bismarcks in wichtigen Fragen wurde: „Als wir das Zimmer verließen, reichten Bismarck und ich uns

---

[1]) Meisner (S. XX) schiebt den Irrtum der verkürzenden Angabe Geffckens zu; das mag mitgewirkt haben.

die Hand; mit dem heutigen Tage sind Kaiser und Reich unwiderruflich hergestellt" (Geffcken 3. 12. 1870). Das volle Tagebuch: „die Hand: ohne viel zu reden, denn wir fühlten, daß die Entscheidung eingetreten war, und daß mit" usw.

Auf die Diagnose: kein „Tagebuch" auf den Tag, — folgt die Therapie: Sofort hätten repressive Schritte seitens des Justizministers erfolgen müssen. Denn — und nun zeigt sich die monarchistische Einstellung — die Absicht, den süddeutschen Bundesgenossen den Vertrag zu brechen, das Urteil über die süddeutschen Könige, die Bestellung des bayerischen Briefes und schließlich die Notiz über die Infallibilität wären, wenn wahr, Staatsgeheimnisse! Ist es echt, wegen Verrats von Staatsgeheimnissen, ist es unecht, wegen Untreue und groben Unfuges, auch wegen Beschimpfung des Andenkens Verstorbener. Den Antrag, nunmehr so vorgehen zu dürfen, soll das Auswärtige Amt beim Kaiser „sofort und noch morgen" stellen und gleichzeitig der Staatssekretär des Reichsjustizamts gefragt werden, „ob und welche juristischen Angriffslinien gangbar sind".

Also es soll vorgegangen werden, mindestens jetzt, nachdem schon Zeit versäumt ist! — Der Ausgang ist zweifelhaft, aber: „Selbst wenn das juristische Verfahren, wegen der Mängel des strafrechtlichen Textes, in diesem Falle, wo zwischen Landesverrath und Untreue doch jedenfalls eine Strafthat vorliegt, den Staat und das Recht in Stich lassen sollte," so würde doch der Urheber aufgedeckt.

Das Verfahren zur Feststellung eines Unrechtes, auch wenn keine Strafe ausgesprochen werden kann, ist ein dem Fürsten auch sonst nicht fremder Gedanke: bestimmt entsinne ich mich, einmal gelesen zu haben, daß er sagte: ein durch Immunität gedeckter Abgeordneter möge wegen einer Beleidigung im Parlamente vor dem Richter sich stellen, damit ausgesprochen werden könne, daß eine, wenn auch durch die Immunität straflose, Beleidigung immerhin vorliege. Hierbei denkt der Jurist an die Feststellungsklage des bürgerlichen Rechtes. In unserem Falle konnte der Urheber, auch wenn freigesprochen, gesellschaftlich büßen, und etwaige Nachfolger waren gewarnt![1])

Hier kommt die „Quittungstheorie" in Betracht, wie Bismarck die Entlastung der Regierung von Verantwortlichkeit durch das

---

[1]) Vgl. S. 105/6 über den durch die Verabredung der Grenzkommissare gedeckten Spionenzüchter Schnäbele und die als Ersatz der Strafverfolgung an den französischen Botschafter gerichteten bitteren Wahrheiten.

Einbringen auch aussichtsloser Gesetzentwürfe nannte: so beim Tabaksmonopol, das schließlich gegen drei Stimmen abgelehnt ward; viel später sagte Bismarck: Monopole, die werden kommen, nach unglücklichen Kriegen.

Ergebnis: Geheimbericht für den Kaiser durch das Amt, korrigiert und gefeilt, vorsichtig entledigt einiger für das kronprinzliche Ansehen immerhin nicht unbedenklicher Wendungen.

Politischer Zweck: den Kaiser festzumachen gegen den englischen Prinzen, gegen unitarische Velleitäten; gerichtliches Verfahren zu veranlassen, Öffentlichkeit im Hinblick auf bevorstehende preußische Wahlen aufzuklären und: den Justizminister herb zu tadeln. — Prüfen wir die Stellung dieses Ministers zum Souverän und zum Kanzler.

Meisner hat (Tagebuch, S. X) mitgeteilt, daß der spätere Justizminister Friedberg eine der drei Versionen des „Tagebuchs" gekannt, sogar einige wenig bedeutende Notizen am Rande gemacht hat.

Schon zur Zeit der Danziger Episode war Friedberg ein Vertrauter des Kronprinzen; ein Brief des Kronprinzen vom Jahre 1876 empfiehlt ihn dem Ministerpräsidenten so bescheiden wie dringlich für das in Aussicht stehende „Reichssekretariat für Justizangelegenheiten" und erbittet in einem zweiten Briefe den Ministerrang oder wenigstens den Wirkl. Geh. Rat für seinen Schützling. Im ersten Brief (Briefwechsel 2, 485): „Sollte, wie Sie es vermuthen (Bismarck in einer Unterredung mit dem Kronprinzen), der Kaiser die bekannten Bedenken gegen Friedberg erheben, so möchte ich Sie auf eine gewiß ins Gewicht fallende Thatsache aufmerksam machen, daß er es nämlich gerade war, welcher seiner Zeit mir dringend abrieth, meine von den Regierungs-Maßregeln abweichenden Ansichten bekannt werden zu lassen, während S. Majestät umgekehrt Friedberg für den Rathgeber in jenem Sinn zu betrachten scheint. Ich stelle Ihnen anheim, von dieser Mittheilung S. Majestät gegenüber jeden Ihnen etwa geeignet oder wünschenswerth erscheinenden Gebrauch zu machen." Dagegen Meisner (Kronprinz und Verfassungsfrage, S. 14, Anm. 6): „Winter (der Danziger Oberbürgermeister) hatte in brieflichem Einverständnis mit Friedberg den Kronprinzen beschworen, ein Paar Worte zu sagen, jetzt und nie wieder sei eine Gelegenheit da, der Welt in mildester Form sich zu zeigen" (Kronprinz an Duncker, 10.—14. Juni, Duncker, S. 348; vgl. Saucken-Julienfelde, ebenda, S. 355)."

Nach Busch (3, 265) sagt Bismarck vom Kronprinzen: „Empfehlung Geffckens und Friedbergs."

Friedberg war an den großen Kodifikationen für Norddeutschen Bund und Reich hervorragend beteiligt und wurde 1879 vom Staatssekretär des Reichsjustizamts preußischer Justizminister, wie nach ihm, im Januar 1889, sein Nachfolger im Reichsamt, v. Schelling. Da der alte Kaiser 1879 nach des Hannoveraners Leonhardt Abgang die Ernennung Friedbergs nicht ablehnte, wird Bismarck befriedigt gewesen sein, einen Vertrauensmann des Kronprinzen im Ministerium zu haben. Schon am 14. Juli 1874 (nach dem Attentat Kullmanns in Kissingen) hatte der Staatssekretär des Auswärtigen, v. Bülow, aus einer Staatsministerialsitzung, an der Friedberg (wohl als Leonhardts Vertreter) teilgenommen, berichtet (Briefw. 2, 45): „daß der Vertreter des Grafen Eulenburg[1]) einen eigenthümlichen Eindruck von Apathie und Rathlosigkeit machte, Herr Camphausen und Herr Friedberg recht gut und praktisch und Herr Falk etwas zu juristisch sprachen . . . Herr Friedberg wiederholte zweimal und ohne Widerspruch zu finden, daß sein[2]) muthiges und erfolgreiches Vorgehen gegen die socialistischen Vereine Berlins beim Ministerium des Innern nur Hemmnisse gefunden." Dieser Bericht hat sicherlich auf Bismarck einen günstigen Eindruck gemacht, die Andeutung über das Ministerium des Innern gewiß ihm wohlgetan; man darf sich erinnern, was er in G. u. E. 2, 300 über Graf Fritz zu Eulenburgs „Lust zu andauernder Arbeit" sagt, und was er in der Richtung der Aufstachelung zu andauernder Arbeit ihm schon früher geschrieben. Bismarck mochte sicher sein, Friedberg dem Ministerium assimilieren zu können, bis mit dem Thronwechsel die Zeit des Einflusses dieses Ministers kam: aber er war auf seiner Hut; vermutete er doch bei Kaiser Friedrichs Regierungsproklamationen die Hand Friedbergs, obwohl dieser im Ministerrat an ganz anders gearteten Entwürfen mitgearbeitet. — Frhr. v. Marschall, der badische Gesandte, berichtete schon damals nach Hause, daß einem Juristen derartige Schriftstücke nicht zuzutrauen seien.[3]) Jetzt (1888) lernte man Geffcken als Verfasser kennen. Aber bei dem Tagebuch kann Bismarck also erwogen haben: ob die Kaiserin Friedrich, am Ende gar mit

---

[1]) Fritz Graf zu Eulenburg, Minister des Inneren.
[2]) des Staatsanwalts Tessendorf (1888 Oberreichsanwalt).
[3]) Bericht vom 13. 3. 1888 vgl. Gradenwitz, Bismarcks letzter Kampf, S. 61.

Friedberg, hinter der Tagebuchveröffentlichung steht, wissen wir nicht; aber wenn nicht um die Veröffentlichung, so mag Friedberg um das Tagebuch gewußt haben; wenn nun die Aufforderung an Friedberg ergeht, Untersuchung nach beiden Seiten einleiten zu lassen: nämlich, ob gefälscht oder echt, — welches ist dann die Stellung des Chefs der preußischen Justiz, wenn er um die Echtheit weiß! — Vollends labyrinthisch ward sein Weg, wenn er, wie Bismarck als seine Pflicht hinstellt, von sich aus Verfolgung wegen Verrats von Staatsgeheimnissen beantragt hätte, und der Kanzler dann auf die Unechtheit zurückgekommen wäre.

Während der 99 Tage war Friedberg der Mittler zwischen Ministerium und Kaiserpaar, namentlich auch bei der Frage der Verlängerung der Legislaturperiode in Preußen von drei Jahren auf fünf. Bismarck riet hier dem mit der Unterschrift zögernden König Friedrich, das, aus der Initiative der zweiten Kammer hervorgegangene, Gesetz nicht zu unterzeichnen; der König möge von seiner preußischen Befugnis Gebrauch machen, das noch fehlende „Drittel" der Legislative, die Unterschrift des Königs, gegen die zwei Kammern, die andern zwei „Drittel" (und auch gegen das Votum seines Ministerii), zu verweigern, und also aus Königlicher Gerechtsame die Sache scheitern zu lassen. Das Ministerium war „thunderstruck", und Bismarck war sicherlich froh, daß Friedberg schließlich die königliche Unterschrift doch noch extrahierte; denn welches auch die Motive des Fürsten bei seinem „genialen Fähnrichsstreich"[1]) (wie Friedberg bei Lucius, S. 458, dies Manöver nennt) gewesen sein mochten, — ob er das Präjudiz für Wilhelms II. kommende Regierung wollte, daß auch der angeblich liberale König Friedrich III. sein Königsrecht durchgesetzt, ob ihm an und für sich die Verlängerung zuwider, — ob ihm auch nur das Statuieren des Exempels für seine Theorie lieb war —, die Folgen für das Ministerium waren doch außer dem Spaße! — Nun war der kaiserliche Gönner gestorben, und am Tage des Thronwechsels erklärte der junge Herr an Bismarck, er wolle sich von Friedberg trennen.

Die nüchterne Notiz bei Lucius (S. 489) über Bismarcks Worte am 15. Januar 1889, unmittelbar nach Friedbergs Entlassung: „Se. Majestät habe schon am Todestage seines Vaters die Absicht

---

[1]) So findet sich noch bei dem Siebziger die „sehr burschikose Art", die einst den jungen H. v. Balan (Hermann Sass, Balan als Diplomat und Schriftsteller, Preuß. Jahrb. 1930, S. 250) an dem Dreißiger in Erstaunen setzte.

geäußert, sich von Friedberg zu trennen, und sei seitdem mehrfach darauf zurückgekommen, ohne Gründe anzugeben", läßt auf einen dramatischen Akt schließen: am Tage der Thronbesteigung hat es sich nicht bloß um Friedberg gehandelt, sondern auch um v. Puttkamer, den eine Woche vor dem Thronwechsel fortgeschickten streng konservativen und hochkirchlichen Minister des Inneren. Puttkamer war dem Kaiser Friedrich noch aus dessen Kronprinzenzeit widerwärtig, hatte er doch teilgenommen an jener Waldersee-Stöcker-Versammlung von Ende 1887, bei der, wie der Kanzler argwöhnte, der mit Gemahlin anwesende junge Prinz Wilhelm, unter dem Deckmantel der inneren Mission, für die extreme Rechte eingefangen werden sollte. Puttkamer hatte dann als Vizepräsident des Staatsministeriums es unterlassen, an die Anzeige von Wilhelms I. Ableben im Abgeordnetenhause die der Thronbesteigung des Nachfolgers anzuknüpfen, und dadurch die Abneigung[1]) dieses Herrn gesteigert. Nun war am letzten Tage der Session des Landtages im preußischen Abgeordnetenhause unter König Friedrich der ganze Ingrimm der Liberalen über die primitiven Wahlbeeinflussungen bei der Kandidatur von Puttkamers Bruder, dem Herrn v. Puttkamer-Plauth, hervorgebrochen, und die Verhandlung des Hauses ward Anlaß zu einem königlichen Befehl an den Minister v. Puttkamer, sich zu rechtfertigen. Auf dessen Bericht erfolgte ein zweites Handschreiben, „geradezu ausgesucht grob und unerhört beleidigend" (Bismarck bei Lucius, S. 461), das den Minister zu einem, sofort bewilligten, Abschiedsgesuch antrieb.[2]) Noch von dem sterbenden Kaiser ward Graf Zedlitz-Trützschler berufen, derselbe, der als Kultusminister vier Jahre später das ultrakonservative und eben deshalb von Wilhelm II. nachher zurückgezogene Schulgesetz einbrachte; allein 1888 lehnte der Graf das Portefeuille ab, und so fand der junge Herr am 15. Juni ein Vakuum. In ihm brannte noch der Ingrimm über die brüske Entlassung Puttkamers, und was er vorhatte, kann man aus einem Artikel der Hamburger Nachrichten vom 3. Juni 1891 schließen oder wenigstens vermuten:

„Das tatsächlich stattgehabte Widerraten der Wiederanstellung des Herrn v. Puttkamer ist ja an sich kein Zeugnis

---

[1]) Wie nachhaltig, zeigt Ponsonby, Kaiserin Friedrich, S. 332.
[2]) Nach Hartung, Brand. u. Pr. Forsch. 1931, S. 18, ist auch der streng konservative Minister v. Westfalen 1858 vom Regenten wegen Wahlbeeinflussungen genötigt worden, seine Entlassung zu nehmen.

für die Pietät, die Fürst Bismarck gegen den verstorbenen hohen Herrn gehegt hat, sondern es war eine einfache Rücksicht auf den öffentlichen Anstand. Selbst ein Ministerium, das ganz pietätlos gegen Kaiser Friedrich gewesen wäre, hätte es nicht ratsam finden können, daß gewissermaßen noch bei offenem Sarge die jüngsten Anordnungen des Verstorbenen aufgehoben würden."

Hieraus folgt, daß ein Widerraten nötig war, also ein königlicher Wunsch auf sofortige Reaktivierung vorlag (vgl. auch Lucius S. 464, 465). Dann aber liegt in der Begründung für das ministerielle Abraten die schwerste Unfreundlichkeit, die der frühere Kanzler an die Adresse des Kaisers Wilhelm II. durch die Hamburger Nachrichten hat richten lassen. Hier ist kein ministerielles Bekleidungsstück, das den Monarchen deckt: Ihm persönlich wurde abgeraten, weil er persönlich die Absicht hatte, und ihn persönlich treffen die scharfen Verdammungsworte, die dem Plane gewidmet werden, von dem abgeraten werden mußte. Damit nicht die Furcht vor Puttkamers Rückberufung die Wahlen zum Abgeordnetenhause ungünstig beeinflusse, erhielt Herrfurth das Portefeuille, der Unterstaatssekretär, den Bismarck dem König wohl gegen dessen Neigung als interimistischen Minister präsentiert hatte; als das Interimistikum nach Bismarcks Meinung sein Ende erreichen und Puttkamer wieder eintreten sollte, versagte sich der König, vielleicht nicht ohne Ressentiment wegen der ihm unwillkommen gewesenen Ernennung des Mannes, den er „Rübezahl" genannt hatte, — so wie einst Wilhelm I. nicht Kaiser werden wollte, dann aber, plötzlich umschlagend, sich nicht mit Deutscher Kaiser begnügen, sondern Kaiser von Deutschland zu heißen wünschte.

Man hat wohl anzunehmen, daß der junge Kaiser davon ausging: der Vater war, als sterbend, für diesen Akt der Entlassung nicht mehr verantwortlich, die ihm von seiner Umgebung aufgedrängt war; an das Interregnum im Portefeuille des Inneren schließt sich die Wiederanstellung unmittelbar an.[1]) Aber die öffentliche Meinung hätte sich nur an das äußerliche Faktum gehalten und wäre peinlich berührt worden: der zeitlich erste jener plötzlichen kaiserlichen Wünsche, die ihm geschickt auszureden eine Hauptaufgabe seiner Reichskanzler war. — Was

---

[1]) Der Privatrechtler mag hier daran denken, daß, wer sich „sofort" der Sache wiederbemächtigt, die er durch verbotene Eigenmacht verloren, nur seinen alten Besitz fortsetzt.

aber ist einleuchtender, als daß der neue Herr, dem der sterbende Vater den Protégé genommen, nun seinerseits den Günstling des Vaters beseitigen will! Angelo for Claudio; measure for measure, — um ein anderes Zitat zu vermeiden![1]) Vielleicht war Friedbergs Portefeuille der Preis, den Bismarck — kaum ungern — für den Verzicht des Kaisers auf Puttkamer statim redivivus zahlte! Das Tagebuch des Kronprinzen aber brachte den casus demissionis für Friedberg, und mußte benützt werden: „Die Hamburger Nachrichten schreiben (3. Juni 1891, Hofmann 1, 365) als zweite Berichtigung gegen die Neue freie Presse über Puttkamers Entlassung: „Zweitens ist es nicht richtig, daß der vormalige Justizminister, Herr v. Friedberg, aus dem Amte geschieden sei, weil er durch sein unpatriotisches Verhalten in der Geffckenaffäre das Mißvergnügen des Fürsten Bismarck erregt habe. Herr v. Friedberg hatte mit der Geffckenaffäre, die vor dem Leipziger Reichsgericht anhängig war, gar nichts zu tun und konnte mithin in dieser Frage das Mißvergnügen des Fürsten Bismarck gar nicht erregen; die Demission Friedbergs hatte überhaupt einen Charakter, der demjenigen völlig entgegengesetzt ist, den ihr die Neue Freie Presse zuschreibt." — Die Sätze über die Nichtbeteiligung des preußischen Ministers an der Reichsgerichtssache sind lehrreich für die Tragweise solcher Dementis: freilich hat der preußische Justizminister nichts mit dem Verlauf der Sache am Reichsgericht zu tun — übrigens auch mit einer preußischen nur durch die Einwirkung auf die Staatsanwaltschaft —, aber die Akten und namentlich der erste Entwurf des Immediatberichtes zeigen, wie der Fürst den Justizminister allerdings mit der Sache zu tun haben ließ! Trotzdem ist es wohl zu glauben, daß die Demission einen „entgegengesetzten Charakter" trug, — daß nämlich Bismarck nur dem Kaiser das Wild vor die Büchse trieb. Vielleicht hat der Kanzler am 15. Juni dem durch die Entfernung Puttkamers wie durch den Friedbergschen Schwarzen Adler degoutierten jungen Monarchen garantiert oder sich selber vorgenommen, Friedberg bis zum Tage des Schwarzen-Adler-Festes und der Akkolade zur Strecke zu bringen, damit der Kaiser nicht mehr den eigenen Minister, sondern nur den abgehalfterten Günstling des Vaters zu küssen brauchte.

---

[1]) Hohenlohe 2, 440: „Friedberg fand ich etwas gedrückt. Er ist nicht mehr der große Mann, der er zur Zeit Kaiser Friedrichs war, wo Alles ihm die Cour machte. Er weiß, daß der Kaiser die Semiten nicht protegiert."

„Bismarck erzählt meinem Schwager" (S. 47)

Friedrich I. von Baden, genannt „der Deutsche"[1]), war vom November 1870 ab in Versailles: seine Aufzeichnungen sind notwendig als Ergänzung der kronprinzlichen und zum Verständnis von Bismarcks Empfindungen gegen diese.

Der Großherzog war, ein Zwanziger, zur Regierung gekommen und starb im achtzigsten Jahre, indes sein Schwager von Preußen, als hoher Fünfziger, sterbend auf den Thron wankte: aber, so hieß es wohl von ihm, sein Schicksal war, oft auszuführen, was nicht seiner Neigung entsprach. Indes, er führte es aus, getragen von einem hohen Gefühl der Pflicht, das, obwohl er die Pflicht oft in der Feder führte, dennoch in ihm stark war. — Dies zeigt in großer Form sein Briefwechsel nebst Tagebüchern bis zum Jahre 1870/71, den Hermann Oncken herausgegeben.[2])

Wie sein Schwager, hatte der Großherzog eine Prinzessin aus größerem Staate, als der seine war, zur Gemahlin; wie dieser eine willensstarke und gescheite Frau[3]); aber die nicht nach preußischem Bilde Baden umschaffen, sondern, mit dem Gatten eins, dem neuen Heimatlande dienen wollte nach des Landes Weise, voll Verständnis für dessen Eigenschaften und Vorzüge; freilich war „Großherzogin von Baden" eine gesundere Stellung als die einer ewigen Kronprinzessin. So ist auch die Lebensführung des Gemahls gesund, und mit Ruhe geht der Mann und der Greis seinen Weg: seine frühe Jugend hatte ihn einst über

---

[1]) Friedrich der Deutsche, als Beiname des Großherzogs, bedeutet die 1870 freudig von ihm gebrachten Opfer. — „Ich fühle mich nur noch als Deutscher" im Tagebuch des Kronprinzen besagt, daß dieser die dem eigenen Staat und der eigenen Dynastie gebrachten Opfer dem ganzen Deutschland zugute kommen lassen wolle.

[2]) Großherzog Friedrich von Baden und die deutsche Politik 1854—1871 (1928).

[3]) Oncken 1, 359—391, bietet eine politische Aufzeichnung der Großherzogin.

die Untiefen eines Aufstandes geführt, den der Prinz von Preußen niedergeschlagen — der spätere König Wilhelm I., dessen Tochtermann der Großherzog später ward. — Ein Dokument hohen Ranges ist die Erzählung des Großherzogs über den Frankfurter Fürstentag von 1863, von seinem Begleiter nach täglichen Mitteilungen aufgezeichnet: er ist der Staatsmann und Staatsdiener unter so vielen Landesherren. Wohl hatte er als Eidam des durch Bismarck vom Fürstentage fortgezwungenen Wilhelm von Preußen den Antrieb, die Rechte Preußens hochzuhalten. Wohl war er als größter Großherzog der primus inter impares, wenn man den Nullpunkt der Parität beim kleinsten Könige setzt; und darum war er der geborne Kämpfer gegen die titulare Auffassung der gekrönten Häupter: aber die Art, wie er dieser Stellung gerecht ward, verdient Bewunderung.

Da saßen im Fürstentag der Könige vier: Bayern, Sachsen und Württemberg hatte Napoléon den Majestätenrang verliehen, Hannover der Wiener Kongreß; Baden war durch Zar Alexander I. der Hochbergschen Linie von zweifelhaftem Anrechte zugesprochen worden und nur Grand Dûché de Bade geblieben. Der Beisatz minderen Blutes hätte, psychologisch genommen, den Großherzog auch bewegen können, in „karrikirender Übertreibung" den Herrenstandpunkt zu vertreten, doch trieb es ihn — zu seiner Ehre — den Anwalt seines Ländchens zu machen, — so wie vielleicht auch Bismarck durch das mütterliche bürgerliche Blut befähigt ward, zeitweilig bis zur Erbitterung seiner Standesgenossen, bis zur Verfehmung durch die Deklaranten nach links zu gehen.

Er sagt seinen fürstlichen Kollegen: „Wenn es sich um einen persönlichen Verzicht handeln werde, so sei er zu allem bereit, aber er müsse wiederholt darauf aufmerksam machen, daß man hier zusammengekommen sei, um staatliche Verhältnisse zu erörtern und seinen Pflichten als Staatsoberhaupt gegenüber der Bevölkerung und dem Lande gewissenhaft nachzukommen. Er sehe übrigens etwaigen Vorschlägen entgegen. Man wußte auf diese Bemerkung nichts zu entgegnen." So vereitelt er die österreichisch-sächsischen Pläne, — man könnte an Leo Sapieha in Schillers Demetrius denken.

Friedrich von Baden betont, daß an Hunderttausenden von Bewohnern Baden 14, Württemberg 15 habe (der blinde König von Hannover bemerkt dann, er habe 18,8 und Sachsen 22,2); wie käme da der Schnitt zu Recht, wenn Baden in der Großherzogsklasse mit Hessen (8), Kurhessen (7), Mecklenburg-

Schwerin (7), Mecklenburg-Strelitz (0,99), Oldenburg (5), Sachsen-Weimar (2,7) gleichrangieren sollte!

Aber diesen Schnitt wollten die Könige machen!

Bismarck sagt von den Russen 1866: „man gönnte das damals den Österreichern." Vielleicht haben die seltsamen Zumutungen der „Könige" den Großherzog in eine Stimmung versetzt, in der er 1870 um so lieber die süddeutschen Könige (er schreibt einmal von den „wenig heiligen drei Königen") reichszugänglich machen half.

Wahrlich, bei dieser Rangtrennung, die mit dem König von Württemberg abschneidet und mit dem Großherzog von Baden als minderem Monarchen beginnt, wird man an das Dreiklassenwahlrecht des Königreichs Preußen erinnert, — wo eine Steuerminderpflicht von ein paar Mark den Grenzler in die niedere Klasse warf und seine Wahlstimme unter Umständen auf $^1/_{10}$ der anderen Klasse entwertete.[1])

In Frankfurt zog 1863 in phantastischer Verjährtheit der Kronenstreit an dem Auge vorüber, der dann 1870 in Versailles durch die Minister der süddeutschen Herren unter Bismarcks Leitung und freudiger Beihilfe des Großherzogs zur Tat Deutscher Staateneinigung verkehrt ward.

Oncken 1, 52 sagt: „. . . stand er (Friedrich von Baden) mit der Schlagfertigkeit eines erfahrenen Parlamentariers auf dem Posten, um jeder Überrumpelung durch den geschickten Wortführer der Majorität, König Johann von Sachsen[2]), vorzubeugen."

Ein Erlebnis des Badeners auf dem Fürstentage sei hier nochmals kundgetan: Bei dem Artikel 9 des österreichischen Entwurfs

---

[1]) Bismarck, Reichstag des Norddeutschen Bundes 28. März 1867 über das preußische Wahlrecht: „Ja, meine Herren, wer dessen Wirkung und die Konstellationen, die es im Lande schafft, etwas in der Nähe beobachtet hat, muß sagen, ein widersinnigeres, elenderes Wahlgesetz ist nicht in irgend einem Staate ausgedacht worden, ein Wahlgesetz, welches alles Zusammengehörige auseinanderreißt und Leute zusammenwürfelt, die nichts miteinander zu thun haben, . . . plötzlich zwischen Hans mit 4 Thaler 7 Silbergroschen und Kunz mit 4 Thaler 6 Silbergroschen reißt die Reihe ab und die anderen werden mit dem Proletariat zusammengeworfen."

[2]) In Nikolsburg erklärte Graf Karolyi „die Integrität Sachsens als Conditio sine qua non der Friedensbedingungen festhalten" zu müssen. „Dieser Unterschied in der Behandlung der Bundesgenossen beruht auf den persönlichen Beziehungen zum Könige von Sachsen und auf dem Verhalten der sächsischen Truppen nach der Schlacht bei Königgrätz" (G. u. E. 2, 41). Auch in dem Briefwechsel der Söhne Johanns von Sachsen und Franz Josephs von Österreich kam der sächsische Tendre für Österreich zum Ausdruck.

bittet Baden: „Man möge nur den Wortlaut der Artikel 25—28 der Wiener Schlußakte prüfen; man würde sich überzeugen, daß diese viel günstiger für die Einzelstaaten lauten, als der Artikel 9 des Entwurfes . . ." Der König von Sachsen, welcher bestätigt, daß er die Wiener Schlußakte bei sich habe, erklärt sich bereit, sie vorzulesen. Er sucht in einem Buche und liest mit erkennbarer Übergehung von Textesstellen verschiedene, nicht zusammengehörende Sätze. Der Großherzog bemerkte ihm: „Majestät haben sich verlesen; ich bitte bei Artikel 25 zu beginnen." Der Herzog von Koburg nickte dem Großherzog bedeutungsvoll zu. Sachsen liest. Allgemeines Erstaunen ergreift die Versammlung sowohl, wie es scheint, über die Manipulationen des Königs Johann, als insbesondere über die in so grellem Gegensatz stehenden Grundsätze der Wiener Schlußakte mit dem gefährlichen Inhalte des Artikels 9. Der Kaiser wird blutrot . . . es waltete ein freundlicher Gott und mit Stimmenmehrheit wurde Badens Antrag auf Streichung des Artikels 9 und Aufnahme der Artikel 25—28 der Wiener Schlußakte angenommen" (Oncken 1, 424). Was hätte hierbei Wilhelm I. „ritterlich und bieder" empfunden?

Bei einem anderen Manöver, dem er auf die Spur kommt, sagt der Badener dem König von Sachsen, „das sei kein ehrliches Spiel", zu dem Großherzog von Schwerin: „eine solche Geheimniskrämerei sei ja läppisch." Man erinnert sich, daß Bismarck bei einem Streit zwischen dem Herzog von Koburg und dem Fürsten zu Lippe an Gerlach schreibt, er habe dem Fürsten zu suggerieren gesucht, daß er den Herzog fordere; das wäre doch einmal etwas anderes gewesen.

Liest man die Aufzeichnungen über die Verhandlungen, mit der häufigen Zusammenfassung „die Könige", von denen doch nur der Bayer etwas wie ein Königreich unter sich hatte, stellt man sich dann vor, unter diesen Königen hätte Wilhelm I. von Preußen als Großmächtiger[1]), aber immerhin „ce n'est qu'un roi" seinen Platz zur Rechten des präsidierenden Kaisers gehabt, so ermißt man die Intuition des großen Ministers, der seinen Herrn aus dieser Parade der Vergangenheit fernhielt. Oncken sagt (1, 51): „Der Fürstentag mochte wohl wie ein letzter Nachklang vergangener Reichstage erscheinen, auf denen der deutsche Hoch-

---

[1]) „Preußen war nominell eine Großmacht, jedenfalls die fünfte; es hatte diese Stellung durch die geistige Überlegenheit Friedrichs des Großen erlangt und durch die gewaltigen Leistungen der Volkskraft 1813 rehabilitiert" (G. u. E. 1, 290).

adel noch persönlich das Schicksal der Nation entschieden hatte."
Man darf hinzufügen, daß er mit seinen Titel- und Rangschemen
das Napoleonische Deutschland darstellte, und, wenn nach Oncken
„der denkwürdige Vorgang, infolge Absage des Hohenzollern, doch
nicht mehr als eine glänzende, aber zur politischen Unfruchtbarkeit
verurteilte Demonstration werden" konnte, so war eben das
fernbleibende Preußen der Erzfeind Napoléons gewesen, und zwar
nicht démolir, aber wohl avilir la Prusse steckte hier hinter den
ostensiblen Zwecken der Tagung.

Mochte der Großherzog immerhin für später einen Gewinn für
sein Land als Folge seiner Stellungnahme erhofft haben, — in
der Notlage des Krieges wies er — auch dem bayerischen Versucher, dem Grafen Bray[1]) — jeden Versuch, „seine Portion sich
zu erschleichen", zurück (vgl. Oncken 2, 205); er hat hier den
Standpunkt, von dem aus Bismarck es 1847 als Abgeordneter
abwies, daß Preußen die Fremdherrschaft um des Zieles einer
Verfassung willen 1813 gebrochen.[2])

Aber der Abschluß der Beziehungen beider Männer zeigt eine
grelle Dissonanz: obwohl Bismarck die großherzogliche Tätigkeit
von 1870/71 unumwunden anerkennt, kommt die Schlußstimmung
des großen Mannes gegen den Großherzog schon im ersten Bande
der G. u. E. (S. 192) zur Erscheinung: bei der Untersuchung über
die deutsche dynastische Anhänglichkeit, die einen Treuherrn
als zum politischen Bedarf des Deutschen gehörend erklärt,
bringt der Fürst als erstes Beispiel die Schleswig-Holsteiner, die
einen Hof für sich, und also den Augustenburger als Herzog, dem
Aufgehen in das große Preußen vorgezogen hätten; dann aber
fährt er fort: „Das Großherzogthum Baden hat seit dem Markgrafen Ludwig vor Belgrad kaum eine dynastische Erinnerung"

---

[1]) Graf Bray, österreichischer Sympathien voll, war nicht Bayern: „Der Deutscheste in den oberen Regionen Bayerns ist immer der König," sagt Bismarck.

[2]) Bismarck sagt dem Großherzog nicht nach, daß er Elsaß-Lothringen für Baden gewinnen und König werden wollte. Nur „das Gebiet, wenn nicht seines Territoriums, doch seiner Thätigkeit auszudehnen," habe er gewünscht (3. Band, S. 28); „das 1881 auftauchende Gerücht, daß Baden Königreich werden solle," sei auf Roggenbach zurückgeführt worden. — Roggenbach wird, indem er 1866 Badens Los auf die preußische Karte gesetzt wissen wollte, weniger selbstlos für sein Heimatland gedacht haben, als der Landesherr 1870. — Übrigens tauchte das Gerücht der Erhebung Badens zum Königtum auch 1897 im Hinblick auf des Großherzogs 70sten Geburtstag auf: der Großherzog schrieb an Fürst Hohenlohe, als den Reichskanzler, ungefragt im abmahnenden Sinne (Hohenlohe 3, 245).

(nun folgt Aufzählung aller für die Dynastie blamablen Ereignisse des letzten Jahrhunderts) . . . ,,haben den Zwang der dynastischen Fügsamkeit im Lande nicht brechen können, und Baden hat 1866 seinen Krieg gegen Preußen und die deutsche Idee geführt, weil die dynastischen Interessen des regierenden Hauses es unabweislich machten." Dies Herausgreifen der Zähringer — was hätte sich nicht über andere Dynastien sagen lassen — ist das Präludium für das Kapitel ,,Großherzog von Baden" im dritten Band, worin der Einfluß dieses Herrn auf den Kaiser zum Zwecke der Entfremdung, wenn auch nicht sicher zum Zwecke der Entlassung, 1889 und 1890 geschildert wird, — eben wie der kurze Satz (G. u. E. 2, 80) über den Vater des Herrn v. Bötticher: ,,dessen Sohn später als Staatssekretär und Minister mein Beistand sein sollte" schon das Kapitel ,,Bötticher" im dritten Bande andeutet. Der Dämon des Fürsten hat denen, denen er es begleichen wollte, Vorschmack und Unruhe eingeben wollen, — sollte doch der dritte Band viele Jahre später erscheinen! — Man denke daran, wie Michael Kohlhaas auf dem Richtplatz die Seelenruhe dem Kurfürsten von Sachsen auf ewig nimmt, indem er jenen Weissagungszettel verschluckt!

,,Der dritte Band im ersten" könnte man solches dumpfe Grollen heißen, wie es auch in den pointierten Huldigungen für den Seelenadel Wilhelms I. zu vernehmen ist. Man liest aber bei Oncken (1, 527) über das Verhalten des Großherzogs: in dem entscheidenden Badischen Conseil vom 13. Juni 1866 ,,kämpfte er, allein von Mathy unterstützt, gegen die Zustimmung zu dem österreichischen Antrag auf Mobilisierung. Er erreichte wenigstens, daß Baden sich bei der Abstimmung der Stimme enthalten sollte." Roggenbach, der zurückgetretene Minister, hatte ihm noch am Tage der Sitzung (in Karlsruhe weilend) geschrieben (Oncken 1, 527): ,,. . . Ew. K. H. verzeihen, wenn ich mich verpflichtet glaube, diese meine Ansicht auch dann noch festzuhalten, wenn die Münchener Punktationen weitergehen sollten, als ich noch hoffen darf. Es gibt für mich keine Ausnahme von dieser Verpflichtung, unter allen Umständen dem österreichischen Antrage ein bestimmtes unverklausulirtes Nein entgegenzusetzen." Derselbe Frhr. v. Roggenbach hat in Sachen Geffcken Haussuchung zu erdulden[1]); 1866 hatte er seine Entlassung als

---

[1]) Oncken (2, 235). Bei der Unterredung des Großherzogs mit Bismarck über dessen eventuellen Nachfolger in ruhigerer Zeit, schlägt der Kanzler

Badischer Minister genommen, als Baden sich Österreich nähern sollte, und riet am 13. Juni 1866 seinem Großherzog nun als Privatmann. — Dem Großherzog fehlte die Kraft zu einem Entschluß, der ihn gerade in Widerspruch zur damaligen öffentlichen Meinung Badens gesetzt, und ihm vorläufig seine Krone hätte kosten können, — zu dem Entschlusse, wie ihn Roggenbach forderte und Treitschke durch sein Entlassungsgesuch als Freiburger Professor gefaßt hat.[1]) Bismarck aber stand dem damaligen Verhalten des Großherzogs wohl so gegenüber, wie Wallenstein, der auf Questenbergs Worte: „Euer Gnaden weiß, wie sehr auf jenem unglücksel'gen Reichstag die Freiheit ihm gemangelt" erwidert: „Tod und Teufel! ich hatte, was ihm Freiheit schaffen konnte." Er mochte sich erinnern, wie dem geflohenen Vorgänger des Großherzogs, eben der Prinz von Preußen, der jetzt König war, seine Krone wieder errungen und mochte meinen, daß ein Va-Banque-Spiel zugunsten Preußens dem Badener eine Wiedereinsetzung nicht nur in den früheren, sondern in einen höheren Stand versprochen hätte! Bismarck hatte mit seinem König durchgehalten im Konflikte; Bismarck hätte wie Roggenbach geraten; der „konstitutionelle Gedankenkreis" des Großherzogs (G. u. E. 2, 121) ließ solche exponierte Kletterei nicht zu; aber die Bismarcksche Zensur für 1866 ist doch nur sehr cum grano salis zu verstehen. Am 27. August 1866 widerrät Bismarck dem König, aus Rücksicht auf den Großherzog die badische Kriegskontribution noch weiter zu ermäßigen, und motiviert dies damit, daß eine solche Milde zugute kommen würde: „der Bevölkerung Badens, welche durch ihre feindliche und drohende Haltung ihren Souverän in eine seinen eigenen Gesinnungen und Absichten widersprechende Stellung hinein-

---

Roggenbach vor. Oncken meint, diese Sondierung sei nicht ernst gemeint. Sie ist wohl zu vergleichen mit dem Vorschlag Bismarcks, den Grafen v. d. Goltz als seinen Nachfolger zu bestellen, falls Wilhelm I. die Grunersche Politik befolgen wolle (vgl. S. 35). — 1888 wollte nach einer Nachricht das kaiserliche Ehepaar den Staatsmann Roggenbach als Kanzler, der aber ablehnte. So mehr konnte Bismarck (von Kayser aufmerksam gemacht) denken, daß hinter dem Tagebuch Roggenbach stecke, zumal er kurz vorher eine Audienz bei Wilhelm II. gehabt.

[1]) Die Welt weiß, wie viele Bismarckhasser der 3. Juli 1866 bekehrt hat; der große Jurist Rudolf Jhering, dessen Briefwechsel mit der Cäsur „Königgrätz" rührende Selbsterkenntnis zeigt, hatte viel Gefährten — vor und nach Königgrätz —: Roggenbach, der auch vorher nicht irrte, steht mit Treitschke fast allein!

gedrängt hat". Umgekehrt steht dem Sentiment Bismarcks, daß der Großherzog „überrascht und unzufrieden gewesen sei, als der Wechsel in den Absichten Sr. Majestät meine Entlassung herbeiführte" (Dritter Band, 87), doch das Billett entgegen, das der Großherzog am 17. März an den Kaiser sandte, und dadurch jedenfalls die letzten Schritte gegen Bismarck herbeigeführt hat. Es lautet:

„Mein teurer Neffe! In aller Eile die kurze Notiz, daß im Auswärtigen Amt die Nachricht verbreitet wird, der Reichskanzler und der Staatssekretär Graf Bismarck hätten ihre Entlassung eingereicht — weil ein kaiserliches Handschreiben an den Reichskanzler ergangen sei, das benachrichte, der Kaiser wolle die russischen Grenzmanöver nicht besuchen, verlange aber gegenüber den russischen Truppenansammlungen an der Grenze Gegenmaßregeln auf deutscher Seite.

Diese politische Frage wird als Grund des Rücktritts von Fürst Bismarck kolportiert und den Journalisten anvertraut.

Die hieraus drohende Verwicklung legt mir die Pflicht der sofortigen Meldung auf.

Dein treuer Onkel Friedrich."

Der Kaiser gibt es an Hahnke (Chef des Militärkabinetts), der dann beantragt:

„. . . Meines Erachtens muß der Chef des Zivilkabinetts durch Befehl Eurer Majestät die Wahrheit des Gerüchtes beim Fürsten Reichskanzler durch persönliche Rücksprache sogleich aufklären. Hiernach können erst Maßregel (!) eintreten, um die Gerüchte zu nichte zu machen.

Gibt der Fürst Reichskanzler ausweichende Antwort, so muß ihm die Vorlage einer Kabinettsordre, welche die Aufhebung derjenigen von 1852 ausspricht, sogleich abverlangt werden, damit der unsichere Zustand seines Bleibens endgültig aufgehoben werden kann."

Wonach verfahren ward.[1])

Ein Heidelberger Professor, der es wissen konnte, erzählte mir 1887, daß der Großherzog schwere Bedenken gegen Bismarcks Reichstagsauflösung um des Septennats willen hatte; er nannte das: Gegensatz der Charaktere. — Der Großherzog mißbilligte 1887 ebenso die Niederkämpfung der Reichstagsmehrheit, wie 1890 passiven Widerstand eines dem Monarchen lästig gewordenen Kanzlers.

---
[1]) Gradenwitz, Bismarcks letzter Kampf, S. 167, Anm. 2.

Bereits am 9. September 1870 ward dem Kronprinzen durch seinen Privatsekretär, Major v. Normann[1]), eine Denkschrift Roggenbachs an den Großherzog übersandt.[2]) In dieser schlägt Roggenbach neben phantastischen, aber auch von Bismarck spielend geäußerten Ideen über die zukünftige Behandlung Frankreichs beim Friedensschlusse schon den „Deutschen Kaiser" und das „Reichsland" vor. Der Rat Kayser hebt die häufige Erwähnung Roggenbachs im „Tagebuch" hervor; meistens spricht der Kronprinz in Worten auszeichnender Anerkennung von dem badischen Staatsmann. Der Großherzog freilich notiert, daß der Kronprinz einmal von Roggenbach sagte: „Ich finde ihn so schwankend in seinem Urtheil und unschlüssig, wenn es gilt, zu handeln" (Oncken 2, 336 — Sonntag, 22. Januar 1871). — Dies bei Gelegenheit einer Besprechung der beiden Fürstlichkeiten über Reichsministerien, nachdem die Kaiserin Augusta (durch Schleinitz) Roggenbach als Minister für Reichsangelegenheiten hatte vorschlagen lassen: der Kronprinz fand eine solche Stellung neben dem Reichskanzler unmöglich und knüpfte daran das ungünstige Urteil über Roggenbach, notiert aber am 22. Januar: „Freiherr von Roggenbach ist für einen Reichsministerposten empfohlen worden[3]), da aber keine ernannt werden, sähe ich ihn gern in Elsaß-Lothringen, woselbst er gründlich Bescheid weiß, verwendet." Er sucht dann (6. März) „Bismarck für den Gedanken einzunehmen, den Staatsminister Freiherrn von Roggenbach zum Statthalter im Elsaß zu gewinnen, . . . fiel aber damit gänzlich durch". Später lehnte (nach Samter, Roggenbach, S. 129; vgl. Meisner, Tagebuch, S. 352) Roggenbach die ihm von Bismarck angebotene Verwaltung einer Hälfte von Elsaß-Lothringen ab, wurde aber Organisator der Universität Straßburg.

Bismarck hatte Roggenbach am 5. Dezember nach Berlin entsandt, damit er für Annahme der Verträge im Reichstage wirke. So war der Kronprinz nicht mehr unter dem Eindrucke der Persönlichkeit, und fällte das obige Urteil; der Weimaraner sagte am 8. Dezember dem Badener (Oncken, S. 239): „Er halte Roggenbach für einen sehr bedeutenden Mann, glaube aber, daß ihm die praktische Ader fehle, d. h. daß er zu doktrinär sei, um stets zur rechten Zeit und am rechten Orte zu handeln." — Es

---

[1]) „des Majors von Normann, unseres Freundes", sagt das volle Tagebuch, S. 176.

[2]) Abgedruckt Meisner, Tagebuch, S. 444.

[3]) Verschweigt die empfehlende Kaiserin.

könnte sein, daß zwischen den hohen Herren eine Aussprache über Roggenbach stattgefunden hatte, — am Ende gar der Kronprinz ihn dem Weimaraner „mit anderen Personen genannt habe", als es sich um den Ministerposten bei diesem handelte (Oncken, S. 235 u. 238). Aber wie bezeichnend für beide Fürstlichkeiten ist die Reaktion ihrer Tagebücher auf die Unterredungen mit Bismarck: der Großherzog von Baden erkennt das Gewicht der Bismarckschen Gründe, auch wo er sie nicht für durchschlagend hält[1]); der Kronprinz hat nur überlegenen Spott und Ärger über die Zurückhaltung, den Antiliberalismus des Kanzlers. Ja, der Großherzog wird zum erfolgreichen Mentor seines Schwagers; er rät diesem (Oncken, S. 252 unterm 5. Dezember 1870), „daß er seine zukünftige Regierungstätigkeit nicht etwa nur durch zeitweisen und gelegentlichen Ausspruch von Ansichten und Grundsätzen, welche gegenwärtig bestehende Mängel oder Fehler betreffen, vorbereite, d. h. also durch den Gegensatz mit dem jetzt bestehenden Regierungssystem und dessen Trägern, sondern im Gegenteil dadurch, daß er sich recht unabhängig und unparteiisch verhalte und mit den Trägern der Regierungsgewalt, ohne Rücksicht auf ihre Anschauungsweise, in recht regem Verkehr bleibe, ... Ein besonderer Teil dieser meiner Bemühung besteht aber darin, den Kronprinzen zu überzeugen, daß er durch eingehenderen und häufigeren Verkehr mit dem Grafen Bismarck sich in die Lage setze, diesen für die jetzigen Verhältnisse unentbehrlichen Staatsmann seinen, des Kronprinzen, Anschauungen und etwaigen Wünschen zugänglicher zu machen ... Es handle sich in den meisten Fällen nicht darum, Recht zu haben, sondern das möglichst Gute oder Richtige zu befürworten oder zur Ausführung zu bringen ... Auf dieser Grundlage beruhten die meisten Gespräche des Kronprinzen

---

[1]) Am 12. Dezember 1870 hatte der alte König den Gegensatz aus der Konfliktszeit so vor Augen, daß er dem Großherzog sagte: „Nun, wenn Du ihn (Bismarck) in Schutz nimmst, dann muß er es verdienen" (Oncken 2, 247). — Einmal freilich (am 11. Januar, Oncken 2, 308), als der König bei den Reichstiteln und Symbolen renitent ist, notiert der Badener: „Die Einflüsse, von denen der Bundeskanzler sprach, sind keine unbekannten, aber das ist nicht die entscheidende Ursache, sondern er selbst ist daran schuld, weil er sich zurückzieht und das Feld anderen räumt. Es wird täglich fühlbarer, daß es dem Bundeskanzler an der Lust zur Arbeit fehlt und daß er alle diese wichtigen nationalen Angelegenheiten nur noch betreibt, weil sie eben behandelt werden müssen." — Das könnte der Kronprinz geschrieben haben!

mit mir und fanden nur noch ihre besondere Ausdehnung in bezug auf sein Verhältnis zum König als Staatsoberhaupt wie dem Vater gegenüber." Folgen Worte der Befriedigung über den Einfluß, den dies auf den Kronprinzen geübt. Hierzu vgl. Bismarcks Briefwechsel 2, 540, Albedyll (Chef des Militärkabinetts) an Bismarck nach der Ohnmacht Wilhelms I. (7. Juli 1885): „Ganz besonders und vor Allem ging durch das, was der Kronprinz sagte, der Gedanke des Arrangements und der Verständigung mit Euer Durchlaucht. Er sprach wiederholt aus, daß er diese Verständigung dringend wünsche und daß er dieselbe für seine künftige Regierung als eine durchaus nothwendige und unerläßliche Bedingung ansehe."

Der Badener ist's, der den Kronprinzen dazu bringt, Bismarck und Moltke zu sich zu bitten, und dadurch eine Annäherung der beiden gegeneinander verbitterten Großen zu ermöglichen: wenn auch der erste Versuch mißlingt, kommt doch die Sache in Fluß, zum großen Vorteil der Sache.

Die Szene beim Kronprinzenessen zwischen Bismarck und Moltke tritt beim Großherzog, der seine Kenntnis doch nur vom Kronprinzen haben kann, plastischer heraus als beim Kronprinzen selber: erst beim Großherzog (Oncken 2, 313) läßt sich ein Blick in die Psyche tun: „. . . Ohne weitere Bemerkungen über die erste Begegnung mit Moltke seit vielen Wochen begann Bismarck sogleich damit, zu sagen, daß die Übergabe von Paris jedenfalls ein so wichtiger Abschnitt in diesem Krieg sei, daß er benutzt werden müsse, um daraus die Grundsätze für den Abschluß eines günstigen Friedens zu gewinnen. Er sei überhaupt stets dagegen gewesen, daß der Krieg weitergeführt werde als bis in die Champagne und habe es für den größten Fehler gehalten, bis Paris vorzudringen und zur Zernierung zu schreiten, dadurch habe der Krieg einen ganz anderen Charakter gewonnen und sei zu einem gewissen Grad unlösbar geworden. Nun aber sollte man mit der Einnahme von Paris den Krieg beenden und Frieden zu schließen suchen." Mit diesem Angriff beginnt, nach dem Großherzog, Bismarck das Gespräch. Geffcken (S. 25) hat nur: „13. Januar. Unterredung Bismarcks und Moltkes bei mir, lebhafte Debatte, der wortkarge Moltke wird beredt. Schleinitz herbeordert." Das volle Kronprinzenbuch (S. 325): „Beide wurden gegeneinander recht deutlich, und der sonst so wortkarge Moltke setzte in vorwurfsvollem Tone und beredter Weise dem Bundeskanzler auseinander, was er mir bereits am 8. d. M. mitgeteilt hatte, wogegen letzterer sich wieder verwahrte, so daß ich wiederholentlich dazwischen treten mußte, um das Gespräch wieder in ruhigeres Fahrwasser zu leiten. Am wenigsten einigten sich die beiden über die Folgen eines Waffenstillstandes, weil Graf Bismarck Frieden, General Graf Moltke aber einen Exterminationskrieg wünscht. Graf Bismarck griff dann auch noch des Generals empfindlichste Seite an, indem er die Theorie aufstellte, wir hätten bereits nach Sedan, in der Champagne das weitere abwartend, stehen bleiben, niemals aber bis Paris gehen sollen." Die Schlußbemerkung beim Großherzog: „Moltke war infolge dieser Unterredung sehr ernst; Bismarck aber im Gegentheil sehr heiter," läßt erkennen, welche Last Bismarck von der Seele war, als er damit für die bekannten, ihm durch Zufall[1]) kundgewordenen Maßnahmen des Generalstabes ihm gegenüber seine Revanche hatte; es sollte heraus: das kommt davon, wenn man den verantwortlichen Leiter der Politik ausschließt: so wie ich Euch Herren 1866 (G. u. E. 2, 95) auf Preßburg statt auf Wien dirigiert habe, hätte ich Euch jetzt in der Champagne konsigniert, und wir feierten den 18. Januar gewiß in der Heimat, wenn Ihr mich nicht ausgesperrt hättet; und da dies Moltke ernst stimmte, so war Bismarck heiter. So wie im Adjutantenzimmer (Lucius, S. 455) des kranken Kaisers Friedrich, den er bewogen hatte, entgegen den Kammern und dem Ministerium als König von Preußen der Verlängerung der Legislaturperioden nicht zuzustimmen: lachend und Kognak trinkend freute er sich über seinen Coup! — Auch habe ich einmal im Reichstag eine ähnliche Entladung seines Temperamentes beobachtet: Ein Abgeordneter der Linken hatte über die hohen Getreidezölle geklagt. Bismarck rückte auf seinem Sessel hin und her wie ein ungeduldiger Jüngling; er konnte das Ende der Rede kaum erwarten; denn dann erhob er sich, um dem Reichstage zu verkünden, der Bundesrat habe beschlossen, die Zölle noch zu erhöhen. So revanchierte er sich 1871 auch Moltke gegenüber für die Ausschließung aus den Beratungen, einen Akt, über den er (G. u. E. 2, 95) die rührenden Worte des Königs erzählt: Bismarck „sei in dem Böhmischen Kriege in der Regel zu dem Kriegsrathe zugezogen worden, und es sei vorgekommen, daß ich im Widerspruche mit

---

[1]) Bismarck hört im durchbrochenen Eisenbahnwagen Podbielskis Worte an Roon, diesmal sei dafür gesorgt, daß Bismarcks Einmischung, wie sie 1866 stattgefunden, den Generalen nicht wieder passiere.

der Majorität den Nagel auf den Kopf getroffen; daß das den andern Generalen ärgerlich sei und sie ihr Ressort allein berathen wollten, sei nicht zu verwundern".

Übrigens notiert später der Kronprinz (volles Tagebuch, S. 393): „Es scheint mir, daß selbst Graf Moltke, trotz seiner individuellen Überzeugung von der Unmöglichkeit, Metz herauszugeben, gestehe, daß die Politik in dieser Frage gegenwärtig ein entscheidendes Wort mitzureden habe." Dies Zugeständnis war schließlich das Wichtigste!

Richter und Politiker

„Selbst wenn das juristische Verfahren . . ." (S. 32. 49)

Gerhard v. Beseler, ordentlicher Honorarprofessor der Rechte in Kiel, sagt in einer Abwehrpolemik gegen einen großen Philologen und Ostelbier: „Ein Thor oder Neidhard, wer dem Junker ernstlich abhold ist. Wenn nur der Rest Raubritter nicht wäre. Der Raubritter konnte den Richter nicht leiden und hat dies Pathos in etwas abgeminderter Form auf seine Nachkommen vererbt."

Sollte in Bismarck, der ja mütterlicherseits einer[1]) friedfertigen Juristen- und Professorenfamilie entstammte, eine Neigung für den Richter geschlummert haben, so ist sie durch seine kurze Referendarzeit sicher nicht geweckt worden; hält er es doch der Mühe für wert, den Richterling, unter dessen Obhut ihn seine Ausbildungszeit verschlug (G. u. E. 1, 6), unsterblich lächerlich zu machen. Er wäre nicht der große Mann, wenn er nicht (Norddeutscher Reichstag, 22. April 1869) anerkannt hätte: „Dem ehrenwerthen, hohen und edlen Richterstand." — Aber richterliche Qualität und richterlicher Denkstrom läuft ihm besonders quer gegen das Politische.

Im Konflikt fand er die kreisrichterliche Einstellung der seinen, der politischen, gerade entgegengesetzt, — unter seinen Gegnern das richterliche Element stark vertreten. Das an das Gesetz, die vergangene Tatsache, gebundene Denken, gegen das des Politikers, der auf den Augenblick eingeschworen, gegenwärtig helfen will, und „keinen anderen Rathgeber, als sich selbst" besitzt. — An Graf Robert v. d. Goltz, Botschafter in Paris (24. Dezember 1863 — G. u. E. 2, 2): „Die Frage ist, ob wir eine Großmacht sind oder ein deutscher Bundesstaat, und ob wir, der ersten Eigenschaft entsprechend, monarchisch oder, wie es in der zweiten Eigenschaft allerdings zulässig ist, durch

---

[1]) Abgesehen von Derfflinger, vgl. Lucius, 304.

Professoren, Kreisrichter und kleinstädtische Schwätzer zu regieren sind." Bei Professoren kommt auch der Minister v. d. Pfordten in München in Betracht, den er mehrmals auf den Talar ansieht; so G. u. E. 2, 40: „ein ehrlicher und gelehrter, aber politisch nicht geschickter deutscher Professor"; vgl. Lucius, S. 409: „Was lange Röcke trage (Frauen, Pfaffen, Richter), tauge nichts in der Politik, und wer diese Richtung begünstige, mit dem sei das Tischtuch zerschnitten."

Der Gegensatz schlug in helle Flammen bei den Notverordnungen vom Jahre 1863, den Preßordonnanzen; hier erfolgte der Zusammenstoß des großen Juristen Gneist mit dem großen Kriegsminister v. Roon: Dem König gab die Verfassung das Recht, Notverordnungen durch eine vom gesamten Staatsministerio gegengezeichnete Kabinettsorder dann zu erlassen, wenn die Kammern nicht versammelt waren. Man vertagte nun den Landtag, stellte damit das notwendige Vakuum her und unmittelbar darauf erließ der König, dessen Bedenken das Ministerium überwunden hatte[1]), Preßordonnanzen, Verordnungen gegen die Pressefreiheit, — Verordnungen, deren Notwendigkeit sicher nicht erst durch Vorgänge nach Schließung des Landtags sich ergeben hatte. Man führte die Notlage herbei, und benutzte selbige dann. Der Regierung konnte vorgeworfen werden: salvis verbis legis sententiam legis circumvenitis: das Wort der Verfassung läßt ihr stehn, den Sinn umgeht ihr. Sie aber dachte an „das Recht Preußens zu bestehen" (Bismarcks Worte); salus publica suprema lex esto: „den Staat gegenüber dem Kreisrichter zu retten," sagt Bismarck einmal (Norddeutscher Reichstag am 22. April 1869). Ein rührendes Argument bringt der alte König in einem Briefe an den Kronprinzen: „Ein Gesetz der Art hätte schon das vorige Ministerium die Pflicht gehabt vorzulegen, denn nur unter dieser Bedingung hatte ich dem Gesetz über Interpretation der Gewerbeordnung zugestimmt."

Dieses Mittel, einstweilen Ruhe zu schaffen, war der preußischen Regierung durch die hannöversche[2]) vorgemacht worden, ja der hannöversche Minister Graf Platen hat hierüber an seinen preußischen Freund und späteren preußischen Kollegen, den damaligen Bundestagsgesandten v. Bismarck, einen Rechtfertigungsbrief

---

[1]) Meisner, Verfassungskampf, S. 8.

[2]) Diese hatte im Dezember 1855 ein Notgesetz erlassen, das die Zuständigkeit der Schwurgerichte beschränkte. — Polignacs Ordonnanzen unter Karl X. konnten vorschweben.

geschrieben, den der Adressat dem Briefwechsel (2, 254) einverleibt hat.

Der Graf Adolf von Platen hatte sich Herrn v. Bismarck im Jahre 1848 verpflichtet, als es sich darum handelte, „daß die (dem Schauspielhaus) gegenüberliegende Wohnung des beurlaubten hannöverschen Gesandten, Grafen Kniephausen, von Militär besetzt würde."[1]) (Bedenken des Militärs wegen Exterritorialität.) „Ich suchte nun den hannöverschen Geschäftsträger, Grafen Platen, auf, der das dem Könige von Hannover gehörige Haus Unter den Linden bewohnte. Derselbe war der Ansicht, daß das amtliche Domizil der Gesandtschaft zur Zeit in seiner Wohnung unter den Linden sei, und ermächtigte mich, dem Obersten von Griesheim zu schreiben, daß er die Wohnung ‚seines abwesenden Freundes‘, des Grafen Kniephausen, für polizeiliche Zwecke zur Verfügung stelle." Schon damals also hatten die beiden Herren auf der Basis einer geistvollen, wenn auch nicht einwandfreien juristischen Konstruktion sich gefunden.

Graf Platen schreibt nun aus Hannover am 22. Dezember 1855 an Bismarck, damals Gesandten am Bundestage, über den Erlaß eines hannöverschen Gesetzes, die Beschränkung der Zuständigkeit der Schwurgerichtshöfe betreffend: „... daß uns hauptsächlich zwei Vorwürfe gemacht werden werden, nämlich erstens der, daß der § 122, auf den das Gesetz sich stützt, nicht zutreffend ist, und zweitens, daß bei der bevorstehenden nahen Zusammenberufung der Stände der Erlaß des Gesetzes ein Eingriff in deren Befugnisse sei. In bezug auf den ersten Punkt bemerke ich, daß allerdings der § 122 auf andere Fälle als den vorliegenden zielt. Dem Wortlaute nach aber paßt er, denn es ist wahrlich ein außerordentlicher und auch das Staatswohl ernstlich bedrohender Fall, wenn eine Schmähschrift wie die Auricher ungestraft bleibt, wenn es den Unterthanen erlaubt ist, ihrem Souverän Wortbruch vorzuwerfen ... Was sodann den zweiten Vorwurf betrifft, so erkenne ich an, daß vom ständischen Standpunkte aus der Erlaß des Gesetzes so kurz vor der Zusammenberufung der Kammern eine Beschränkung der ständischen Mitwirkung begreift. Aber will man den Zweck, so muß man auch vor den Mitteln nicht zurückschrecken. Ein solches Gesetz durch die Kammern zu kriegen, ist unmöglich, und hatten wir daher nur die Wahl, das

---

[1]) Zur Deckung der auf dem Wege zum Schauspielhause, wo die Kammern tagen sollten, gefährdeten Minister.

Gesetz ohne ständische Mitwirkung zu erlassen oder nichts zu thun. Außerdem muß man nicht übersehen, daß die Stände das Recht haben, auf Wiederaufhebung des Gesetzes anzutragen, und die Regierung verpflichtet ist, diesem Antrage dann Folge zu geben."

Man kann natürlich im einzelnen Falle verschiedener Ansicht darüber sein, ob der Zweck, eine Atempause für die Regierungspolitik durch Stillegung der Zeitungen zu erzwingen, das Mittel heiligte, ob die Ruhe nicht mit dem später erfolgenden Geschrei und der Erbitterung auch gemäßigter Elemente zu teuer erkauft war. So wie eine Beruhigung vermittelst Medizin durch nachfolgende Exzitation.

Die geschichtliche Bedeutung der preußischen Preßordonnanzen liegt vor allem in der „Danziger Episode (G. u. E. 1, 316); denn sie veranlaßten den Kronprinzen, in Danzig auf huldigende Worte des dortigen Oberbürgermeisters Winter jene oppositionelle Rede zu halten, an die sich soviel unglückliche Verstimmung knüpfte. Auf den Mahnbrief des Vaters freilich unterwarf er sich[1]) und stellte seine Ämter zur Verfügung, behielt sie dann aber, ehe ihn eine Rückenstärkung durch den badischen Schwager erreichen konnte, der ihm (Oncken 1, 352) dann nur noch schrieb: „...hätte ich es für richtiger gehalten, wenn Du auf der Niederlegung Deiner Ämter und Stellen bestanden hättest." Noch ungünstiger urteilt Roggenbach über den schnellen Rückzug des Kronprinzen: „... den Inhalt des mich tief betrübenden Schreibens des Kronprinzen auszusprechen. Wie Ew. K. H. den verhängnisvollen Fall des Kronprinzen, der nicht ein politischer allein ist, nicht nur als Fürst und als deutscher Fürst, als Mensch und als Bruder beklagen, so empfinde ich denselben mit ahnungsvollem Schmerze als entscheidend für die Zukunft der Dynastie, des Staates und des Vaterlandes. Ich habe nicht nötig, Ew. K. H. im einzelnen hervorzuheben, was Alles in diesem Schreiben mich nicht etwa allein überrascht, sondern mit einem viel einschneidenderen Gefühl erfüllt, und wie nicht nur der Abgang des richtigen politischen Instinktes mich verletzt, — und mit schweren Sorgen erfüllt . . . Der Brief der Königin tut dieser Verkümmerung

---

[1]) Auf ein weiteres Promemoria des Kronprinzen vom 17. September antwortet der König prophetisch (Oktober 1863, Meisner, S. 175): „... Du unterwühlst also den Boden, auf dem Du einst stehen willst? Hast Du es auch wohl bedacht, daß Dir in Deinen Familienmitgliedern dieselbe Opposition gemacht werden kann, die Du jetzt selbst machst?"

gegenüber wohl durch seine einfache Klarheit und die Sicherheit des Urteils" (Oncken 1, 351).

Bismarck gibt der Nachwelt zu hören, daß in der Konfliktszeit „ein Ortsgericht, ich glaube in Stendal, in den Gründen seines Erkenntnisses die Schwere der öffentlich gegen mich gerichteten Beleidigungen zwar reichlich zugab, aber die Festsetzung einer Minimalstrafe von 10 Thalern damit motivirte, daß ich wirklich ein übler Minister sei" (G. u. E. 2, 154 und Norddeutscher Reichstag am 28. März 1867), und er erklärt mit obigem Antezedens seine Zurückhaltung vom Jahre 1872, wo er nach Befragung juristischer Autoritäten noch den Strafantrag gegen die Äraartikel des Dr. Perrot um deswillen unterläßt, „weil die Verurtheilung wahrscheinlich, aber bei der vorsichtigen Fassung der Artikel nicht sicher sei". Indem er für die Wertung der Artikel nur das Wort Verleumdung kennt, trotzdem aber den Rechtsschutz als zweifelhaft, das Unterliegen als gefährlich ansieht, mutmaßt er auch hier, daß das „juristische Verfahren, wegen der" vorsichtigen Fassung des verleumderischen „Textes, den Staat und das Recht in Stich lassen" werde.

Im Geffcken-Falle, wo nicht die private Injurie, sondern öffentliches Interesse im Spiel ist, scheut er sich nicht vor einer Anklage, die scheitern kann.

In einem Schreiben des Fürsten an den Oberreichsanwalt (vom 27. September) wird dieser Gegensatz ausgeführt: „. . . unabhängig von dem strafrechtlichen Ergebnisse kommt es politisch besonders darauf an, die Entstehung der Veröffentlichung und die Beziehungen der verschiedenen reichsfeindlichen Parteien zu derselben klar zu stellen, und auf dem Wege der gerichtlichen Verhandlung ans Licht zu ziehen."

Dementsprechend wurde, als das Reichsgericht den Professor Geffcken außer Verfolgung setzte, weil nicht genügende Anhaltspunkte vorhanden seien dafür, daß er sich bewußt war, Geheimnisse zu verraten, die Anklageschrift mit den aus dem Auswärtigen Amte stammenden Materialien einer erstaunten Öffentlichkeit zugänglich gemacht. — Der Ablehnungsbeschluß ersparte übrigens, wie noch vor dessen Ergehen in der anonymen Schrift eines Richters zutreffend hervorgehoben ward, eine Verhandlung vor dem Reichsgericht, die sich peinlich hätte gestalten können! Der auf Freisprechung gefaßte Kanzler deutet noch einen anderen Erfolg an: mag immerhin der Urheber der „vorliegenden Bosheit" entschlüpfen, künftige, die „vielleicht zu erwarten ist", wird man packen; denn daß so etwas nicht veröffentlicht werden darf, — das wenigstens wird der Richter schon diesmal feststellen, und damit hat der Urheber künftiger Bosheit seinen Dolus sicher. — Ähnlich wie im Privatrecht: wer es unterläßt, zu unterlassen, was zu unterlassen er dem Nachbar versprochen hatte, z. B. wer zu einer Zeit geigt, zu welcher nicht zu geigen er sich verpflichtet hatte, — dem geht es das erste Mal hin, und der Richter verbietet es ihm nur für die Zukunft, kann aber für jede folgende Zuwiderhandlung eine Geldstrafe festsetzen.

Es ist ein Grenzstreit, ein iudicium finium regundorum, wie die Römer es nennen, zwischen ihm, dem Politiker, und den Richtern; er steht seinen Mann bei der Frage, was richterlicher Beurteilung durch ein neues Gesetz zugeschrieben werden solle, — de lege ferenda: er lehnte für den Entwurf des Sozialistengesetzes 1878 als letzte Instanz einen Gerichtshof ab, und forderte diese Instanz für den Bundesrat (G. u. E. 2, 189:: „. . . die Zuziehung von Richtern perhorresciren . . . Es handelt sich nicht um richterliche, sondern um politische Funktionen, und auch das preußische Ministerium darf in seinen Vorentscheidungen nicht einem richterlichen Collegium unterstellt und auf diese Weise für alle Zukunft in seiner politischen Bewegung gegen den Socialismus lahmgelegt werden . . . (darf) nur durch den Bundesrath direct oder durch Delegation an einen jährlich zu wählenden Ausschuß geübt werden. Der Bundesrath repräsentirt die Regierungsgewalt der Gesammt-Souveränetät von Deutschland . . ."[1]) — Für die Tätigkeit der hier zu errichtenden Behörde läßt sich nicht eine vorausschauende sichere rechtliche Direktive im Gesetz geben, wie sie dem Richter natürlich ist, sondern das politische Bedürfnis erst wird den entscheidenden Faktor für die Subsumtion der künftigen Fälle bieten.[2])

---

[1]) Die Erinnerung an die Kulturkampfmittel mag hier mitgespielt haben, die Bismarck des öfteren als zu juristisch, z. B. als „juristischer Fangapparat" bezeichnet hat.

[2]) Hier kam Bismarcks erster Zusammenstoß mit dem Grafen Eulenburg II (Botho); übrigens hat er auch an Graf Eulenburg I eine Verwarnung gerichtet wegen der Provinzialkorrespondenz, die vorschnelle Veröffentlichungen im 66er Kriege über die Friedensschlüsse mit den Süddeutschen gebracht hatte. — Ein zweiter, katastrophal sich auswirkender Streit mit Graf Botho ging von der Frage aus, ob Entscheidung durch den Königlichen Landrat oder durch ein Kollegium, den Kreisausschuß. Graf Eulenburg ging, weil er im Herrenhaus desavouiert ward. —

Das Gefühl des Kanzlers bei der Gewaltenverteilung trat im Norddeutschen Reichstag am 22. April 1868 in zwei Richtungen großartiger ans Licht. Als der Reichstag einen Antrag Miquels beriet, bei der Bundesschuldenverwaltung dem Bundesrat und dem Hause Ansprüche gegen die beim Hervortreten von Mängeln schuldigen Beamten zu geben, verwahrte sich der Kanzler zunächst gegen eine direkte und unabhängige Verantwortung der unter dem Ministerium stehenden Beamten: auf seine eigene Verantwortung hatte er sich ja bei Kabinettsfragen und bei Zurückweisung selbständiger Politik durch die Botschafter oft berufen, hier trat das in exklusiver und negierender Form in Erscheinung! Aber bei dieser Gelegenheit wirft er ein Streiflicht auf Rechtsprechung und Verwaltung; er spottet: „Ich würde es dann eher acceptiren können, wenn der Bundeskanzler unter den Kreisrichter oder Stadtrichter gestellt wird, aber ich würde es dann doch für zweckmäßig halten, den Stadtrichter lieber gleich zum Minister zu machen, es weiß es ja allein genau, wie die Verfassung ausgelegt werden muß, und wenn der Bundeskanzler das vor dem Urtheil wissen will, so muß er diesen Kreisrichter gewissermaßen als konstitutionellen Hausarzt konsultiren, den er jederzeit zu befragen hat: wie würde dieser oder jener Fall zu beurtheilen sein? Dann habe ich den Kreisrichter doch lieber gleich zum verantwortlichen Kollegen, wo man ihm dann die Beurtheilung aller Handlungen im voraus vorlegt. Nur würde man ihm alsdann wieder die Rechtsprechung nicht übergeben wollen." In dieser spielenden Abwehr liegt der tiefere Sinn: die großen politischen Dinge müssen sich in Kompromissen abwickeln und können die Vorausbestimmung, die der Justiz eigen ist, nicht ohne Schädigung der eigenen Interessen ertragen!

De lege lata aber schreibt er von der zweiten, der Zuchthausverurteilung des Grafen Arnim, daß sie „doch nur, wie der Verurtheilte selbst richtig bemerkt hat, dadurch möglich geworden, daß der regelmäßige Strafrichter nicht in der Lage ist, die Sünden der Diplomatie in internationalen Verhandlungen mit vollem Verständnis zu beurtheilen" (G. u. E. 2, 166). — In diesem Kopfschütteln über das zweite Arnim-Urteil offenbart sich der Instinkt für ein Standesgericht, wie das beim Militär, so wie ja auch ständische Interessenvertretung nicht außerhalb des Bismarckschen Gedankenkreises liegt. — Daß der Strafrichter à tout ist, das will hier dem Staatsmann nicht ein, der den jeweiligen Fachmann eben nicht bloß als sachverständigen Berater, sondern unter

Umständen als Urteilsfinder selbst ins Auge faßt.[1]) Hier liegen Empfindungen vor, denen in den Handelsgerichten und in den ärztlich-richterlichen Mischkollegien in Fragen der Standesgemäßheit Rechnung getragen wird. — In einer Staatsministerialsitzung sagte Bismarck: „Gerade so wenig, wie man im Kriege Soldaten, welche unnöthige Brutalitäten begingen, dem Feind ausliefere, dürfe man Beamte, welche ihre Befugnisse überschritten hätten, den Richtern übergeben" (Lucius, S. 339, der hinzufügt: Eine Analogie, welche den Justizminister sehr kränkte. — Es handelte sich um Friedhofsexzesse in Frankfurt.).

Da, wo eine Sache quasi disziplinarisch zu ahnden ist, kann das Ehrgefühl des Standes oder das Bedürfnis der Politik mit der allgemeinen staatsbürgerlichen Auffassung und gesetzlichen Gebundenheit der Strafrichter nicht immer parallel laufen, dann kann eben eintreten, was der Kanzler in die Worte faßt: „Selbst wenn das juristische Verfahren . . ." — „Ein Lexikon ist ein stumpfes Werkzeug" hörte man einst in der Wissenschaft sagen. „Ein Strafgesetzbuch ist ein stumpfes Werkzeug" scheint hier der Kanzler zu grollen, der mit der Bemerkung „zwischen Untreue und Landesverrath" den Kern der Differenz von Strafgesetz und bürgerlichem Gesetz trifft: denn das bürgerliche Recht gestattet und fordert Analogieschlüsse und Analogiebildungen, wenn ein Fall nicht gerade unter den Paragraph passen will; das Strafrecht verbietet derartiges: nulla poena sine lege. So bedauert Bismarcks Wort den Mangel an Feinmaschigkeit, der den Delinquenten durchschlüpfen läßt!

Hier wird man entgegnen, daß Bismarck ja wohl jedes andere Ressort, das ihm entgegentrat, mit Schärfe bekämpfte, selbst das ihm nahestehende militärische. Gewiß! Gegensatz überall: es sieht so aus, als gehe es in dieser zweigeschlechtrigen Welt überall so: Land und Stadt, Zivil und Militär, Industrie und Landwirtschaft, König und Priester!

Auch den Militärs spricht er den Unterschied offen aus: an Roon und Moltke bei der Emser Depesche: „daß sie Beide als

---

[1]) Auf dem Gebiete des Zivilrechtes brachte ein ausgezeichneter Rechtslehrer im Gespräche eine ähnliche Empfindung zum Ausdrucke, als eine Summe von 2000 Mark ausgelobt war für den, der den Satz: „Der Zweck heiligt die Mittel" als wirklich jesuitisch nachweisen würde. Er sagte, dafür seien die Gerichte nicht da. In der Tat würde es sich empfehlen, ein Schiedsgericht für manche Arten von Auslobungen, auch die keine Preisaufgaben sind, obligatorisch zu machen.

Berufssoldaten wegen der Unfreiheit ihrer Entschließungen nicht dieselben Gesichtspunkte zu nehmen brauchten wie ein verantwortlicher auswärtiger Minister" (G. u. E. 2, 86). — Er, der Abkömmling von Offizieren, die es freilich, wie er bemerkt, „nur zum Rittmeister gebracht haben, selbst wenn sie nicht vorher gefallen waren", ergrimmt gegen die ihn hindernden Generale und Stäbler ebenso wie gegen die anderen Schichten entsprungenen Gegner. Wer aber entscheidet hier bei dem Ringen mit dem Generalstab? Der König, der Oberfeldherr und Regent ist: Wilhelm I., war, nach Bismarck, ein „furchtloser Officier auf dem Throne", dessen Neigung wie sein Mut mit dem Militär ging.[1]) Wie schwer Bismarck unter dieser Tatsache im Felde 1870/71 litt, zeigt erst das Tagebuch des Großherzogs. G. u. E. 2, 122 begnügen sich, vom 18. Januar 1871 die Tatsache einfach zu registrieren, daß nach der Kaiserproklamation der Kaiser an Bismarck vorüberging, um den hinter ihm stehenden Generälen die Hand zu bieten. „Graf Bismarck war dadurch so tief verletzt, daß er mir den Vorgang mit Tränen in den Augen erzählte," sagt der Großherzog, und für die Art, wie das menschliche Gedächtnis arbeitet, ist es bezeichnend, daß am Tage nach der Proklamation die beiden neben Bismarck stehenden Fürsten Pleß und Putbus als Empfänger kaiserlicher Händedrücke erwähnt werden, in den 90er Jahren aber die hinter ihm stehenden Generäle!

Doch ist eben wegen der monarchischen Spitze der Gegensatz zwischen Militär und Politiker lösbar; aber der Richter steht außerhalb des beherrschenden Gefüges; er hat in der Tat etwas vom Priester, wie der römische Jurist Ulpian sagt und Bismarck durch die Gemeinsamkeit des Talars andeutet. Von der Macht des Richters entwirft der Dichter Immermann (der Richter von Beruf war) ein ergreifendes Gemälde im Drama Alexis: übermenschlich und heilig steht der unbestechlich-unerschütterliche Richter Tolstoi da, also daß der Zar Peter sich dem Richter und Untertan beugt. Den Mißbrauch im britischen Indien des 18. Jahrhunderts schildert Macaulay in „Warren Hastings": der Oberrichter in Kalkutta ließ den obersten Brahminen hängen, weil er unter indischer Rechtsordnung, vor der englischen Eroberung, ein Siegel gefälscht hatte; Siegelfälschung war in Indien harmlos, in England todesstrafbar; so hat dieser rechtsbrecherische

---

[1]) „ein so tapferer, furchtloser Degen er ist, ein so ängstlicher Politiker ist er doch" (Scholz, Werke 8, 337).

Richter allerdings die Inder seinem Freunde Hastings gefügig und der gegen Hastings regierenden Mehrheit des Staatsrats in Indien abtrünnig gemacht: jene Macht, die, im Namen des Königs, dem Könige Trotz bieten kann, indem selbst des Königs Gnade nur an dem Strafvollzug, aber nicht an dem Urteil ändert, sie ist es, die den herrschgewaltigen Staatsmann fremd anmutet. — Er zieht sie nicht in Zweifel. Aber, — da stimmt etwas nicht, grollt es aus ihm! Der Staatsmann macht Stiefel nach Maß, der Richter gibt aus den fertigen die passendsten, — das ist der sachliche Unterschied. — Allgemeiner und wiederum individueller genommen ist es der Gegensatz der Doktrin und der Einzelkraft, wie er auch in dem brieflichen Duell mit Leopold v. Gerlach über den Bonapartismus zutage tritt: der Richter hat in seinem Gesetz eine bindende Gewalt über sich, indes der Doktrinär v. Gerlach an seine Doktrin gebunden sich nur fühlt: — darum geht Bismarck eine Strecke weit auch mit Louis Napoléon, wovor Gerlach ebenso schaudert, wie ein Richter vor einer ihm angesonnenen Gesetzesüberschreitung.

Schon im Anfang seiner ministeriellen Laufbahn hat Bismarck — (Horst Kohl, Bism. Jahrb. I. S. 17ff., 49) — beanstanden lassen, daß in Preußen wohl der Staat den Rücktritt, den der Beamte vollzieht, seinerseits geschehen lassen muß, der Beamte aber ein Recht hat, zu bleiben, solange er will, wenn er leistungsfähig und makellos sich hält. Hierbei sind wieder die Richter die Antipoden der Minister und namentlich des leitenden Staatsmannes, der jeden Tag fallen kann, — in diesem Staate durch den Monarchen, in jenem durch das Parlament: „Wir haben in Preußen augenblicklich gewissermaßen zwei Verfassungen, die nebeneinander laufen; wir haben die alte Konstitution des Absolutismus, die ihren Schutz gegen Willkür in der Unabsetzbarkeit der Beamten fand, und wir haben die moderne konstitutionelle Verfassung, mit welcher in fast allen Ländern die Unabsetzbarkeit der Beamten unverträglich gedacht wird. Wir haben — wenn ich sage wir, so meine ich in diesem Augenblick die preußische Regierung — die Regierung, die handeln soll, fühlt sich gehemmt von allen Seiten: Sie kann nicht einmal einen Beamten, der zwar formell ihren Anordnungen gehorcht, der aber in den Geist nicht eingeht, sie kann ihn nicht absetzen.[1]) Es hat das seine großen

---

[1]) Reichskanzler geworden, und Reformen im Reiche erstrebend, dehnt er diese Anschauungsweise auf die Fachminister im Verhältnis zum

Vorzüge . . . (Beamte sollten kein passives Wahlrecht, keinen Zwangsurlaub zum Reichstag haben) mindestens geistliche nicht und richterliche nicht" (Reichstag des Norddeutschen Bundes, 28. März 1867). Hier erwäge man, daß das Militär kein aktives Wahlrecht hatte.

Bei dem Kanzler klingt der Gegensatz an gegen den Richter, der über allem schwebt, also den Lebenswahrheiten allseitig gerecht werden soll, aber durch sein Gesetz so gebunden wie gedeckt, neuen und unerhörten Fällen gegenüber in eine schwierige Lage kommt; den Richter, der wiederum unabsetzbar, aber stets zum Rücktritt berechtigt, — darum vielleicht für des Kanzlers Empfinden eine seltsam gefestigte Position hat.

Dem Richter aber kann der Staatsmann nicht bei, — ihm, der im entlegensten Winkel und in der kleinsten Bagatellsache noch im Namen des Königs urteilt! Besser hätte er sich mit englischen Lordrichtern in hoher Einzelstellung verstanden! Vielleicht darf man sagen: die Formel „Im Namen des Königs" paßte ihm wenig für ein Kreisgericht, dessen Urteil acht Tage darauf durch ein, wiederum anfechtbares, Appellgerichtserkenntnis umgestoßen werden konnte; wäre es möglich gewesen, diese Formel auf rechtskräftige, also letztinstanzliche oder unanfechtbar gewordene Urteile zu beschränken, so wäre sie ihm wohl eher eingegangen. — In jenem monumentalen Satze liegt aber einmal: wir rütteln nicht an dem Richterrechte, wir huldigen der Wahrheit, justitia fundamentum regnorum, aber auch etwas von jenem Lessingschen liegt darin: „ich gehe und erwarte Sie als Richter, und dann dort erwarte ich" den strafrechtlichen Text „vor dem Richter unser Aller".

Als Art ausgleichender Gerechtigkeit darf man buchen, daß der große Mann, außer Amt gesetzt und befehdend-befehdet, sich im Schutze der Richter fühlte: „. . . wenn es heut innerhalb der gesetzlichen Möglichkeiten läge, so würde mir, glaube ich, als Abschluß meiner politischen Laufbahn das Geschick des Grafen Eberhard Danckelmann nicht erspart geblieben sein."

Aber von jenseits aller verfassungsmäßigen Schutzwälle, wie aus der Quitzowzeit, tönen die jenem Urteil sich anschließenden

---

Präsidenten und Kanzler aus: Busch 2, 431, Zitat aus der „Post": er könne nur im Dienste bleiben, wenn seine Kollegen zu den bezeichneten Reformen aus eigenem Antriebe und mit eigenen produktiven Kräften schritten; wenn nicht, wolle er gehen . . .

Worte: „... ich würde ... einem dramatischen Abschlusse meiner politischen Laufbahn nicht aus dem Wege gegangen sein und auch diese Ironie des Schicksals mit heitrer Ergebung in Gottes Willen ertragen haben. Den Sinn für Humor habe ich auch in den ernstesten Lagen des Lebens niemals verloren." „Non civium ardor prava iubentium, non voltus instantis tyranni mente quatit solida." Ihn hätte auch der Wirbelwind, der 1914 von Austriae dux und Hadria kam, nicht erschreckt und nicht umgeworfen!

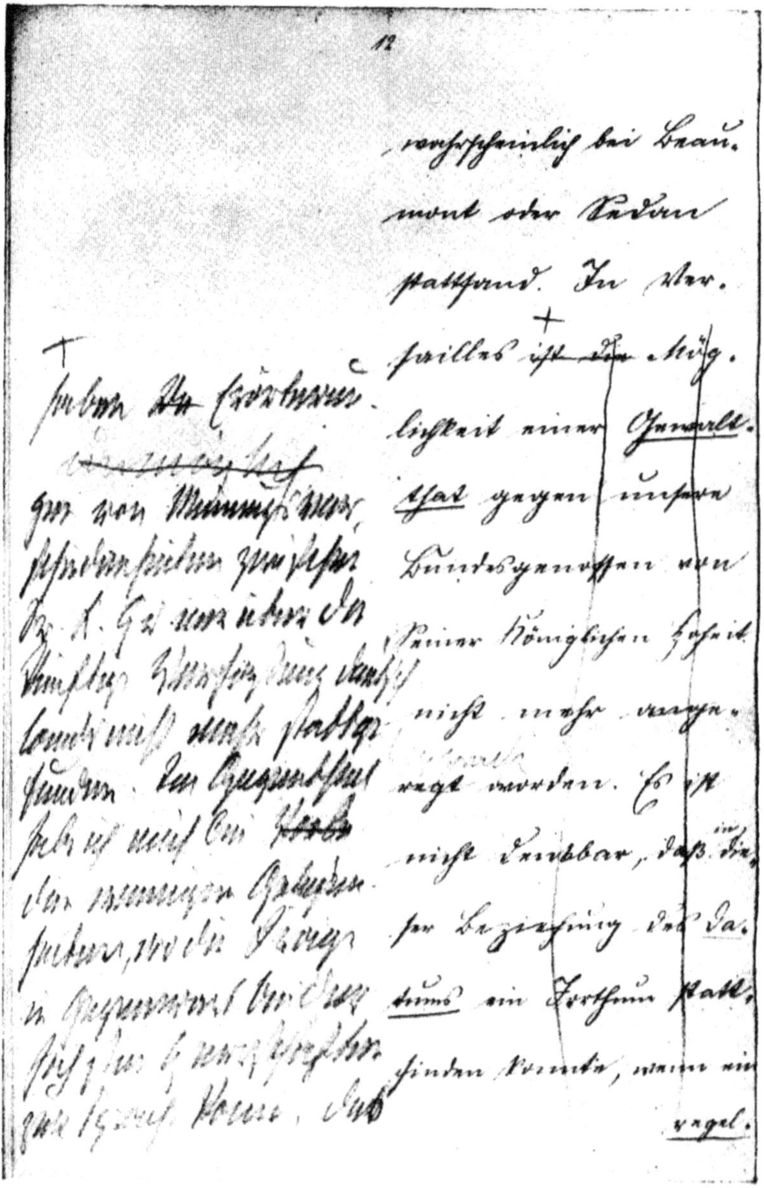

12

wahrscheinlich bei Beau-
mont oder Baden
stattfand. Im Ver-
hältnis ist die Mög-
lichkeit einer Gewalt-
that gegen unsern
Bundesgenossen von
Seiner Königlichen Hoheit
nicht mehr ange-
regt worden. Es ist
nicht denkbar, daß in
der Beziehung des Da-
tums ein Irrthum statt-
finden konnte, wenn ein
…regel.

Zu Seite 83, 84 u. 89

regelmäßiges Tagebuch
durch tägliche Eintragungen
gar nichtzustande wäre.

Chamerovony stimmt mit
den Thatsachen, was in
dem „Tagebuch" bezüg-
lich meiner Stellung zur
Kaiserfrage 1866, oder zur
Infallibilitätsfrage oder zu
der des Oberhauses und
der Reichsministerien
angeführt ist. Der Kron-
prinz ist nie darüber
zweifelhaft gewesen
daß

Umarbeitung

1. Reinkonzept

Die eingeklammerten [ ] Teile sind im Original durchgestrichen, die in *Kursivschrift* wiedergegebenen Worte sind im Original nachträglich darüber geschrieben.

Abschrift zu R 3036.

Friedrichsruh, den 23. September 1888.

Auf Ew. K. Maj. Befehl beehre ich mich bezüglich des in der „Deutschen Rundschau" veröffentlichten angeblichen Tagebuchs des Hochseligen Kaisers Folgendes zu berichten.

Ich halte [das in der „Deutschen Rundschau" veröffentlichte] *dieses* „Tagebuch" in der Form, wie es vorliegt, nicht für ächt. Seine Majestät der damalige Kronprinz stand *1870* allerdings außerhalb der politischen Verhandlungen.* Ich besaß nicht die Erlaubniß des Königs über intimere Fragen unserer Politik mit Seiner Königlichen Hoheit zu sprechen, weil Seine Majestät [davon] einerseits Indiscretionen an den französisch gesinnten englischen Hof fürchteten, andererseits Schädigungen unserer Beziehungen zu den deutschen Bundesgenossen, wegen der zu weit gesteckten Ziele und der Gewaltsamkeit der Mittel, die Seiner Königlichen Hoheit von politischen Rathgebern zweifelhafter Natur empfohlen waren. Der Kronprinz stand also außerhalb aller [ernsthaften] *geschäftlichen* Verhandlungen. Nichtsdestoweniger ist es kaum möglich, daß bei täglicher Niederschrift der empfangenen Eindrücke so viele Irrthümer thatsäch-

* *u. konnte deshalb über manche Vorgänge unvollständig oder unrichtig berichtet sein.*

licher, namentlich aber chronologischer Natur in den Aufzeichnungen enthalten sein könnten. Es scheint vielmehr, daß entweder die täglichen Aufzeichnungen selbst, oder doch spätere [Correcturen] *Vervollständigungen* von Jemand aus der Umgebung des Kronprinzen herrühren. [Sie könnten deshalb doch in letzter Redaction von der Hand des Herrn geschrieben sein.] Gleich in den ersten Zeilen wird gesagt, daß ich am 13. 7. 1870 den Frieden für gesichert gehalten hätte, und deshalb nach Varzin zurückkehren wollte, während aktenmäßig feststeht*, daß ich [schon damals] den Krieg für nothwendig hielt, und *nur* unter Rücktritt aus dem Amte nach Varzin zurückkehren wollte, wenn [der Krieg unterbliebe] *er vermieden würde*. [Dar]*Hier*über war Seine Königliche Hoheit mit mir einverstanden, wie das *auch* aus den [späteren] Aufzeichnungen vom 15., [auch] *noch* auf der ersten Seite [schon] *des Abdruckes* hervorgeht, nach [welchen] *denselben war* der Kronprinz [am 15./7.] [,,] mit mir *darüber vollkommen* einverstanden [war], daß ,,Frieden und Nachgeben bereits unmöglich seien": Es ist auch (S. 6) nicht richtig, daß Seine Majestät der König damals Nichts Wesentliches gegen die Mobilmachung eingewendet [und ebenso wenig, daß Seine Königliche Hoheit der Kronprinz auf Mobilmachung gedrungen] hätte.** [Der König entschloß sich zur Genehmigung meines auf der] Fahrt von [Brandenburg] *da* nach Berlin*** [abgelehnten Antrages auf volle Mobilmachung proprio motu], nachdem Seine Majestät mir die wiederholte Vorlesung der [Ollivier'schen] Rede befohlen hatte und dieselbe als gleichbedeutend mit französischer Kriegserklärung ansah.† Seine Königliche Hoheit der Kronprinz [war] über die Nothwendigkeit der *vollen* Mobilmachung be-

---

* *daß Sr. K. H. schon damals wußte,*

** *S. M. glaubte den Frieden noch halten u. dem Lande den Krieg ersparen zu können, er war in Brandenburg u. während der ganzen*

*** *meiner Befürwortung der Mobilmachung unzugänglich. Aber sofort nach Vorlesung der Ollivierschen Rede auf dem Berliner Bahnhofe u.*

† *entschloß der König Sich proprio motu zur Mobilmachung.*

reits am Tage vorher mit mir einverstanden, [und] hat *dann* weitere Schwankungen [des Königs] durch Verkündigung der Königlichen Entschließung [der Mobilmachung] *mit den Worten „Krieg! mobil!"* an das Publikum, d. h. an die anwesenden Offiziere abgeschnitten. Es ist ferner nach meinen damaligen Besprechungen mit dem Kronprinzen nicht möglich, daß S. K. H. (S. 7) mit diesem Kriege einen „Ruhepunkt" im Kriegführen vorausgesehen haben soll, da S. K. H. mit mir [darüber vollständig einig war] *die Überzeugung teilte,* daß [der] *dieser* Krieg „die Eröffnung *einer Reihe von Kriegen",* eines „kriegerischen Jahrhunderts" sein werde, [und] dennoch *aber* nothwendig sei. S. 16 scheint unmöglich, daß der Kronprinz gesagt habe, „[ich] *Er* setze die Verleihung des eisernen Kreuzes an Nicht-Preußen mit Mühe durch"; *da ich* noch in Versailles, also Monate später, [habe ich] im Auftrage des Königs den Kronprinzen *wiederholt* zu bitten gehabt, [das] *mit der Verleihung des* eisernen *Kreuzes* auch an Nicht-Preußen [zu verleihen] *vorgehen zu wollen,* und S. K. Hoheit [haben dies mit den Worten abgelehnt, „habe ich denn schon einen Bayerischen Orden?" Damit steht die Angabe des Tagebuchs S. 13 in Widerspruch, daß der Kronprinz vom König von Bayern den Max-Joseph-Orden erhalten habe. Ob dies ein Irrthum ist oder ob er S. K. H. bei jener Äußerung in Versailles entfallen war, wird sich aktenmäßig ermitteln lassen. Ganz] *dazu nicht geneigt fand, es vielmehr wiederholter Anregung Sr. M. bedurfte, um die befohlene Maßregel in Fluß zu bringen. Besonders* auffällig ist der chronologische Irrthum, daß eine [besonders] lebhafter*e* Discussion über die Zukunft Deutschlands [und über eventuelle Anwendung von „Gewalt" gegen die süddeutschen Fürsten und Truppen] erst in Versailles stattgefunden habe. Dieses Gespräch fand am 3. 9. in Donchéry statt, und *theilweis* bei [einer] noch früheren [Besprechung] *Verhandlung* von mehrständiger Dauer, von welcher ich mich nur entsinne, daß sie zu Pferde, also wahrscheinlich bei Beaumont oder Sedan stattfand. In Versailles* [ist die Möglichkeit einer Gewaltthat gegen unsere Bundesgenossen von Seiner Königlichen Hoheit nicht mehr angeregt worden. Es ist nicht denkbar, daß in dieser Beziehung des Datums ein Irrthum stattfinden konnte, wenn ein regelmäßiges Tagebuch durch tägliche Eintragungen entstanden wäre.] Ebensowenig stimmt mit den Thatsachen, was in dem „Tagebuch" bezüglich meiner Stellung zur Kaiserfrage 1866, oder zur Infallibilitätsfrage oder zu der des Oberhauses und der Reichsministerien angeführt ist. Der Kronprinz ist nie darüber zweifelhaft gewesen**, [daß ich ein Oberhaus, in welchem die Könige von Bayern und Sachsen mit der Preußischen Herrenhaus-Curie auf einer Bank sitzen sollten stets für unmöglich gehalten habe.] Die Infallibilität war mir stets gleichgültig, *Sr. K. H. weniger*; ich hielt sie für einen fehlerhaften Schachzug des Papstes***, [und das Kaiserthum war 1866 ganz unmöglich und außer Frage.] Seite 10 wird berichtet, daß Seine Majestät den Entwurf zu dem Briefe an den Kaiser Napoleon an Graf Hatzfeldt dictirt habe; der Kronprinz war zugegen, als† [ich diesen Entwurf dem Grafen Hatzfeldt dictirte und demnächst Seiner Majestät zur Genehmigung vorlas]; es ist *auch hier* nicht glaublich, daß bei einer täglichen Einzeichnung ein derartiger Irrthum vorkommen konnte.

Ich halte nach Allem diesem das „Tagebuch" [unter irgend einem Gesichtspunkte für] *in der Form wie es in*

---

* *haben Erörterungen von Meinungsverschiedenheiten zwischen Sr. K. H. und mir über die künftige Verfassung Deutschlands nicht mehr stattgefunden. Im Gegentheil habe ich mich bei den wenigen Gelegenheiten, wo die Frage in Gegenwart beider Höchsten Herrschaften zur Sprache kam, des Beistandes Sr. K. H. den Bedenken Sr. M. gegenüber stets zu erfreuen gehabt. Die Behauptung des „Tagebuchs" daß Se. K. H. beabsichtigt haben könne, Gewalt gegen unsere Bundesgenossen anzuwenden u. denselben eventuell die von ihnen treu gehaltenen u. mit ihrem Blute besiegelten Verträge zu brechen, halte ich für eine Verleumdung des Hochseligen Herrn.*

** *daß das Kaiserthum 1866 weder möglich noch nützlich gewesen wäre und ein „Norddeutscher Kaiser" wohl ein „Empereur", aber kein geschichtlicher Fortschritt zur nationalen Wiedergeburt sein würde. Ebenso war die Oberhaus-Idee in Donchery am 3. Sept. abgethan.*

*** *u. bat Se. K. H. diese Frage während des Krieges wenigstens ruhn zu lassen; aber den Eindruck, daß ich sie nach dem Kriege betreiben wolle, kann S. K. H. niemals gehabt und in sein „Tagebuch" eingetragen haben.*

† *der König mir befahl, den Brief zu entwerfen u. dieser Entwurf von mir dem Grafen Hatzfeld angegeben u. von diesem der allerhöchst Genehmigung durch Vorlesen unterbreitet wurde.*

der Rundschau abgedruckt ist, für unächt, [insoweit es für eine tägliche Aufzeichnung des hochseligen Kaisers Friedrich als Kronprinz ausgegeben wird. Aber wenn] *Wenn* es ächt wäre, so würde [darauf] *auf seine Veröffentlichung* meiner Ansicht nach der Artikel 92 des Strafgesetzbuchs Anwendung finden, welcher lautet: „Wer vorsätzlich Staatsgeheimnisse oder Nachrichten, deren Geheimhaltung für das Wohl des Deutschen Reiches erforderlich ist, öffentlich bekannt macht", usw. Wenn es überhaupt Staatsgeheimnisse [noch] giebt, so [gehört] *würde* dazu, *wenn sie wahr wäre*, in erster Linie die Thatsache *gehören*, daß bei Herstellung des Deutschen Reiches in den *höchsten u.* maßgebenden Preußischen Kreisen die Absicht [ernstlich erwogen worden sei] *obgewaltet hätte*, den süddeutschen Bundesgenossen den Vertrag zu brechen, und sie zu vergewaltigen. Eine Anzahl anderer Anführungen, wie d[as]*ie* angebliche*n* Urtheil*e* Seiner Königlichen Hoheit des Kronprinzen über *Ihre M.* die Könige von Bayern und Württemberg, die [Thatsache, daß der] *Anführungen über den Brief des* Königs von Bayern [von mir den Entwurf seines Schreibens an Seine Majestät den König erhalten habe] *u. dessen Entstehung*, die angebliche*n* Intentionen der Preußischen Regierung gegenüber der Infallibilität [gehören] *fallen*, wenn sie wahr sind, ganz zweifellos in die Kategorie der Staatsgeheimnisse und der Nachrichten, deren Veröffentlichung den Bestand und die Zukunft des Deutschen Reiches, *die auf der Einigkeit seiner Fürsten wesentlich beruht*, gefährdet, also unter Artikel 92 des Strafgesetzes.

[Von Seiten des Justizministeriums hätten m. E. sofort nach dem Erscheinen der Veröffentlichung Schritte bezüglich derselben erfolgen müssen.]

* sollten, so werden andere Art. des Strafgesetzbuches, z. B. 189, wegen Beschimpfung des Andenkens Verstorbener, die Unterlage eines gerichtlichen Einschreitens bilden können, durch welches die Entstehung und die Zwecke dieser strafbaren Publication ans Licht gezogen werden können. Daß dies geschehe, liegt im Interesse der beiden hochseligen Vorgänger Ew. Maj., deren Andenken ein werthvolles Besitzthum des Volkes und der Dynastie bildet und vor der Entstellung bewahrt werden sollte, mit welcher diese anonyme Veröffentlichung in erster Linie sich gegen den Kaiser Friedrich richtet.

In diesem Sinne bitte ich Ew. M. ehrfurchtsvoll, mich huldreich ermächtigen zu wollen, daß ich dem Justizminister Allerh. dero Aufforderung zugehen lasse, die Staatsanwaltschaft zur Einleitung des Strafverfahrens gegen die Publication der „D. Rundschau" u. deren Urheber anzuweisen.

2. *An*
    S. E. Justizminister.

Ew. beehre ich mich in der Anlage Abschrift meines Immediatberichts vom 23. mit der Eröffnung erg. mitzutheilen, daß S. M. den von mir darin gestellten Schlußantrag genehmigt, die Veröffentlichung des Berichtes befohlen und mich beauftragt haben, Ew. um Ausführung allerh. Willensmeinung zu ersuchen.

v. B.

[Würde] *Wird* die Publication für ächt gehalten, so [lag] *liegt* der Fall des Artikel 92 I des Strafgesetzbuchs vor; wenn aber, wie ich annehme, die Veröffentlichung eine Fälschung ist, so tritt *vielleicht* in erster Linie der Artikel 92 II in Wirksamkeit, und wenn über dessen Zutreffen juristische Zweifel obwalten* [so sollte eine staatstreue und monarchische Justizverwaltung doch Behufs Ermittelung des Urhebers der Fälschung die Handhaben schon benutzt haben, welche Artikel 131, 189, 266 I, 300, 360 No. 11 (Unfug §) zur Auswahl stellen. Selbst wenn das juristische Verfahren wegen der Mängel des strafrechtlichen Textes in diesem Falle, wo zwischen Landesverrath und Untreue doch wohl jedenfalls eine Strafthat vorliegt, den Staat und das Recht in Stich lassen sollte, so würde immer der Unfug § der Staatsanwaltschaft bei richtiger und scharfer Führung die Mittel an die Hand geben, ein Verfahren überhaupt einzuleiten, und durch dasselbe die feindliche Quelle wenigstens aufzudecken, aus welcher die vorliegende Bosheit entspringt, und weitere vielleicht zu erwarten ist.

Ich wünsche, daß ein Antrag in diesem Sinne vorgehen zu dürfen, sofort und noch morgen bei Seiner Majestät gestellt werde und daß gleichzeitig ein vertrauliches Gutachten des Herrn von Schelling eingefordert werde, ob und welche juristischen Angriffslinien gangbar sind. Ich halte es für die bevorstehenden Wahlen und für den bleibenden Eindruck dieses bedauerlichen Vorganges für wichtig, daß der staatliche und juristische Angriff gegen die „Deutsche Rundschau" möglichst schnell und entschieden erfolge. Sollte es gelingen die Fälschung nachzuweisen, so wäre das ein politischer Gewinn für die Dynastie und das Reich.

N. S. D.]

Zweiter Entwurf: öffentlich!

Wäre es bei dem Plane des ersten Entwurfs geblieben, so hätte die Welt einige Tage später erfahren, daß eine Untersuchung beim Reichsgericht anhängig gemacht sei, ob das „Tagebuch" echt, und wenn ja, ob es Landesverrat, und wenn nicht, ob es Beschimpfung des Andenkens eines Verstorbenen darstelle; aber die Begründung wäre dem Publikum nicht unmittelbar klar geworden.

Indes, der Kanzler ändert seinen Entschluß: im Sprunge sich drehend wandelt der Gewaltige seinen Angriff in eine öffentliche Darlegung in Gestalt eines Immediatberichtes an den Kaiser.[1]

Was ihn dazu veranlaßte, darüber geben die mir vorliegenden Akten nur einen Fingerzeig, anderes, was auf andere Fährten führen könnte, ist mir nicht bekannt:

Am 24. läuft ein Schreiben des Hofmarschalls der Kaiserin Friedrich aus Friedrichskron, vom 23. September 1888 ein, welches im Auftrage der Kaiserin und Königin Friedrich mitteilt: „daß Allerhöchst derselben zu Ohren gekommen, es könnte der irrthümliche Gedanke auftauchen, als ob Ihre Majestät irgend etwas von der Publikation des Kriegstagebuches weiland des Kaisers Friedrich Majestät gewußt hätten. Ihre Majestät haben im Gegentheil dieselbe mit Erstaunen in den Blättern gelesen und können Allerhöchst Sich den Hergang nur erklären, daß in ein metallographirtes Exemplar desselben — der Hochselige Kaiser hatte mehrere davon an Seine nächsten Bekannten verschenkt — Personen auf irgend eine Weise Einsicht gewonnen haben, welche nicht den intimen Charakter desselben zu würdigen wußten oder die nicht das Unterscheidungsvermögen besaßen, daß eine Publikation in dieser Form durchaus nicht im Sinne des Hohen Entschlafenen gelegen und den Charakter einer Indiscretion haben müsse, da Namen lebender Personen darin vorkommen".

---

[1] Der hier abgedruckte Entwurf ist noch etwas abgeändert und um einiges vermehrt im Reichsanzeiger erschienen. Ein Zusatz ist abgedruckt S. 90.

Von dem Brief ergeht Abschrift an das Reichsjustizamt, — im Einklang mit dem ersten Entwurf, der Vorwürfe gegen den preußischen Justizminister schleudert, und Fühlung nimmt mit dem Chef des Reichsjustizamtes, Herrn v. Schelling.[1])

Bei der Spannung, die damals zwischen der Kaiserin Friedrich und ihrem regierenden Sohn bestand, lag das Gefühl nahe, ob nicht am Ende die Kaiserin Friedrich mit der Veröffentlichung in Verbindung stehe. Der Brief des Hofmarschalls zeigt, daß der Gedanke an diese Empfindung auch der Kaiserin nicht fremd war. Nach dem Inhalt des Briefes konnte der Kanzler so verfahren, daß die Beteiligung der Kaiserin als ausgeschlossen galt; der Brief deckte ihn auch gegen Ausstreuungen, als richte sich die Aktion gegen die Kaiserin Friedrich. Es kann sein, daß diese Rückendeckung den Kanzler bewog, an die Öffentlichkeit „en visière ouverte" zu gehen, und in diesem Sinne dem Kaiser zu berichten. Zeitlich würde dies stimmen. Denn am 24. signalisierte Graf Herbert telegraphisch den Brief des Hofmarschalls, am 24. lief der Bericht auch schon ein, und bald darauf — so scheint es — faßte der Kanzler den Entschluß, am 25. zum mündlichen Vortrag nach Berlin zu fahren. — Daß der fragliche Entwurf das Datum des 23. trägt, ist ohne Bedeutung, — auch der veröffentlichte Bericht trägt noch das Datum des 23., des ersten Entwurfes, obwohl, nach Busch (3, 247), selbst der von Berlin zurückgekehrte Kanzler noch geändert hatte.

Jetzt muß also der Entwurf so umgearbeitet werden, daß er für die öffentliche Meinung tragbar wird[2]): die Aufgabe ist, „etwas

---

[1]) Ob die Fristen es überhaupt möglich erscheinen lassen, daß etwa Graf Herbert inmittelst schon dem Kaiser Vortrag gehalten, der Kaiser vielleicht erstaunt war über die Fernhaltung seines Vaters und daraufhin diese ausführlicher motiviert wurde; ob etwa der Kaiser sich zuerst für Öffentlichkeit ausgesprochen — darüber weiß ich nichts auch nur zu vermuten. Waldersee und Genossen schrieben natürlich dem Kanzler die Initiative für die heikle Sache zu. Gegen dessen Initiative spricht nur in etwas, daß Graf Herbert von der Mainau aus an den Vater telegraphierte, der Kaiser „wünsche zu wissen, wann Ew. Immediatbericht zum Abdruck gelangt, da Allerhöchstdieselben Sich von dieser Publikation großen und heilsamen Eindruck versprechen". Aber viel will dies Argument nicht besagen: der Kaiser kann damals auch Bismarck das Kompliment gemacht haben, daß er sich von dessen Vorschlag so Gutes verspreche.

[2]) Für die Beurteilung solcher Erscheinungen der Duplizität, wie sie hier vorliegen, ist das Stoffliche gleichgültig: jüngst hat Werner Jäger zwei Briefe des Theodoros Studites über den Ehebruchsstreit des Kaisers Constantin VI. (Anfang des 9ten Jahrhunderts) behandelt (Berliner Akad.

Unschädliches zusammenzustellen", wie einst für den Reichstag (S. 39): daher fällt der herbe Tadel gegen den Justizminister fort; der üble Einfluß auf die Wahlen bleibt unerwähnt; manches andere wird geglättet, — in einem einzigen Falle aber eine radikale Änderung vorgenommen, — in dem Gespräch über Gewalt gegen die süddeutschen Fürsten, die „mit ihren Mannen bei den Preußen „gleichsam zu Gaste waren".

Von dieser fundamentalen Änderung sei hier zuerst gehandelt. Es folgen die Texte, der Zeit nach geordnet von links nach rechts. Links: der Urentwurf mit den auf ihm vorgenommenen Korrekturen. Mitte: Abschrift dieses Urentwurfes, noch bestimmt, geheim zu bleiben; die Korrekturen auf derselben sind schon im Hinblick auf die Veröffentlichung gemacht. Rechts: das Stück, welches — im Hinblick auf die Veröffentlichung — den ausgestrichenen Endteil der Mitte (ist — wäre) ersetzen soll.

I[1])	IIa[2])	IIb[3])
Ganz auffällig ist der chronologische Irrthum, daß eine besonders lebhafte Discussion über die Zukunft Deutschlands und über eventuelle Anwendung von „Gewalt" gegen die süddeutschen Fürsten *u.*	[Ganz] *Besonders* auffällig ist der chronologische Irrthum, daß eine [besonders] lebhaft*ere* Discussion über die Zukunft Deutschlands [und über eventuelle Anwendung von „Gewalt" gegen die süd-	haben Erörterungen von Meinungsverschiedenheiten zwischen Sr. K. H. und mir über die künftige Verfassung Deutschlands nicht mehr stattgefunden. Im Gegentheil habe ich mich bei den we-

d. W. phil. hist., 30. Oktober 1930). Da liegen zwei Dokumente vor, die z. T. wörtlich übereinstimmen, von denen aber jedes gewisse Partien enthält, die dem anderen fehlen. Nun findet sich in dem einen der beiden ein „Passus, der vor den bloßen Rechtsstandpunkt den dringlichen Appell setzt an den Oberhirten der christlichen Kirche"; dieser Passus, so urteilt Jäger, sei „Zusatz und Überarbeitung", und eingefügt auf Wunsch des formellen Adressaten des Briefes, weil der Brief „sich in Wahrheit nur an den Kaiser und an den Patriarchen" richte. Der Zweck, auf den wahren Destinatär Eindruck zu machen, wird Veranlassung, die Motivation auf ein anderes Gebiet zu schieben, und dann weiter noch, mit nichtigem Argument in der zweiten Fassung aufzutreten. — Ebenso wird in unserem Falle der Bericht aus Rücksicht auf die Wirkung, die er, veröffentlicht, auf seinen wirklichen Adressaten, die öffentliche Meinung, üben soll, in Form und Inhalt modifiziert.

[1]) I Geheimentwurf mit Korrekturen.
[2]) IIa Korrigierter Geheimentwurf mit Korrekturen, die für die Veröffentlichung eingesetzt sind.
[3]) IIb Die Korrektur, die den Sinn umkehrt.

Truppen erst in Versailles stattgefunden habe. [Es war dies der Fall] *Dieses Gespräch fand* am 3. 9. in Donchéry *statt* und bei einer *noch* früheren [Gelegenheit] *Besprechung von mehrstündiger Dauer*, von welcher ich mich nur erinnere, daß sie zu Pferde, also wahrscheinlich bei Beaumont oder Sédan stattfand. In Versailles ist die Möglichkeit einer Gewaltthat gegen unsere Bundesgenossen von S. K. H. nicht mehr [geäußert] *angeregt* worden. Es ist nicht denkbar, daß [der Kronprinz sich in dieser Beziehung täuschen] *in dieser Beziehung des Datums ein Irrthum stattfinden* konnte, wenn ein regelmäßiges Tagebuch durch tägliche Eintragungen entstanden wäre.	deutschen Fürsten und Truppen] erst in Versailles stattgefunden habe. Dieses Gespräch fand am 3. 9. in Donchéry statt, und *theilweis* bei einer noch früheren [Besprechung] *Verhandlung* von mehrstündiger Dauer, von welcher ich mich nur entsinne, daß sie zu Pferde, also wahrscheinlich bei Beaumont oder Sédan stattfand. In Versailles [ist die Möglichkeit einer Gewaltthat gegen unsere Bundesgenossen von Sr. K. H. nicht mehr angeregt worden. Es ist nicht denkbar, daß in dieser Beziehung des Datums ein Irrthum stattfinden konnte, wenn ein regelmässiges Tagebuch durch tägliche Eintragungen entstanden wäre.]	nigen Gelegenheiten, wo die Frage in Gegenwart beider höchsten Herrschaften zur Sprache kam, des Beistandes Sr. K. H. den Bedenken Sr. M. gegenüber stets zu erfreuen gehabt. Die Behauptung des „Tagebuchs", daß Se. K. H. beabsichtigt haben könne, Gewalt gegen unsere Bundesgenossen anzuwenden und denselben eventuell die von ihnen treu gehaltenen und mit ihrem Blute besiegelten Verträge zu brechen, halte ich für eine Verleumdung des hochseligen Herrn.

So stehen sich denn freilich in herausfordernder Nacktheit die beiden Darstellungen gegenüber; der Geheimbericht dementirt den öffentlichen: Drohung? Im Entwurf für die Öffentlichkeit: Nein! Niemals! Im Geheimbericht: Ja, aber früher! Aber hinter diesem vollkommnen Widerspruch lauern tiefere Gegensätze: In einem noch späteren Entwurf, und im veröffentlichten Berichte selber, stehen nach den abgedruckten noch die Worte: „Derartige vom Standpunkte des Ehrgefühls wie von dem der Politik gleich verwerfliche Gedanken mögen in der Umgebung Sr. Königlichen

Hoheit Vertreter gefunden haben, aber sie waren zu unehrlich, um in seinem Herzen, und zu ungeschickt, um bei seinem politischen Verstande Anklang zu finden."[1]) Aber würde Bismarck wohl, wenn es sich nicht um des späteren Kaisers, sondern um Moltkes oder Roons Aussprüche gehandelt hätte, eine so bedenkliche Linie verfolgt haben? Schwerlich: es kommt hier noch ein anderes hinzu, die Denkweise der konstitutionellen Monarchie! Vor der Öffentlichkeit wird das, was den Gebieter belastet, bestritten, und, in Steigerung des „the king can do no wrong", werden die unverantwortlichen Berater in der gleichen Art vorgeschoben, wie die verantwortlichen Minister vor den Herrn treten müssen. Schier soll es heißen: der Kronprinz verleumdet sich selber, indem er zu dem rät, was die „Intriganten und Ohrenbläser", „politischen Phantasten" (G. u. E. 2, 116, 117) ihm eingeredet. Auf diesen allein muß es haften bleiben!

Das tief verankerte Gefühl des Kanzlers für das Wesen der Ministerverantwortlichkeit offenbarte sich in der Reichstagsverhandlung vom 24. Januar 1882, in der Bismarck den königlich preußischen Erlaß über die Wahlfreiheit der Beamten verteidigte: der Erlaß war vom Anfang des Jahres 1882, also in unmittelbarem Anschluß an die Wahlen von Ende 1881, die „wie ein Melthau" auf des Kanzlers Hoffnungen gefallen waren, und ein Lustrum einer ihm feindlichen Mehrheit einleiteten. Der königliche Erlaß wahrte den Beamten ebenso die persönliche Wahlfreiheit, wie er bei allen Beamten Agitation gegen die Regierung verdammt; für diejenigen Beamten aber (wie Oberpräsidenten und Landräte), „welche mit der Ausführung meiner Regierungsakte betraut sind, und deshalb ihres Dienstes nach dem Disziplinargesetze enthoben werden können, erstreckt sich die durch den Diensteid beschworene Pflicht auf Vertretung der Politik meiner Regierung auch bei den Wahlen". Dies legte Bismarck im Reichstage also aus: „was ich vorhin politische Brunnenvergiftung nannte, zu

---

[1]) Der Kronprinz wird gemeint sein, wenn Bismarck sagt (Werke 9, 309): „Als es uns in Versailles einige Schwierigkeit machte, das Deutsche Reich zusammenzubringen, da war ein hoher Herr, der wollte von langen Verhandlungen nichts wissen und meinte: ‚Wir haben ja die Macht.' Aber da ging ich zu meinem alten Herrn und stellte ihm vor, daß die deutschen Fürsten mit ihren Mannen unsere Gäste seien, die wir gewissermaßen zum Kampf gegen den Erbfeind eingeladen hatten, und daß man Gästen gegenüber auch den leisesten Zwang vermeiden müsse; er war meiner Ansicht, und wir verstanden uns lieber zu Konzessionen." Und selbst mit dem Markgrafen Gero und den Wendenfürsten hat Bismarck dies Drohen verglichen.

widerlegen nach seinem besten Gewissen ... das ist es, was ich vom politischen Beamten erwarte ... er mag in seinem Herzen und in seinem verdeckten Stimmzettel sein Votum geben, für wen er will, darnach wird nicht gefragt, das erfahren wir auch nicht, denn ein Mann von Bildung wird immer so geschickt sein, das zu verbergen." Das paßt freilich nur auf das geheime Reichstagswahlrecht, dessen Geheimnis Bismarck ja nicht gewollt hatte: in Preußen konnte ein Oberpräsident die Parteistellung seiner öffentlichen Stimmabgabe schwerlich bemänteln. — Von den anderen Beamten erwartet der König, „daß sie sich der Agitation gegen die Regierung des Königs auch bei den Wahlen enthalten werden".

Die Debatte im Reichstag bestritt gegen den Kanzler wesentlich der Staatsrechtslehrer Hänel. — Der Erlaß war des Königs. Der Minister hatte ihn zu verantworten, und er stellte sich im Reichstag als Kanzler. Hier sprach er die Worte: „ich kann mich verantwortlich machen für meine eigenen Handlungen und kann mich auch verantwortlich gemacht haben durch eine Bürgschaft, die ich übernehme für Handlungen eines andern, und ich habe mich verantwortlich gemacht auch für alle Handlungen meines Königs, die ich gegenzeichne, und auch für die, welche ich nicht gegenzeichne, werde ich am letzten Ort die Verantwortlichkeit gern übernehmen. Das ändert also gar nichts am Königsrecht; die Regierungsakte, welche zu ihrer Gültigkeit der Gegenzeichnung bedürfen, sie bleiben doch Regierungsakte des Königs ..."[1])

Da aber zeigt sich die üble Auswirkung aller Unnatur. Freilich haftet der Minister für die Handlungen des Königs, aber der Kämpe ist nicht allein belastet[2]), wenn die Sache ungünstig ausgeht. Wenn, bei der Verschwörung des Marquis von Bedemar gegen Venedig (bei Schiller), der Marquis als fremder Gesandter, und also exterritorial, den venezianischen Gerichten nicht Rede zu stehen hat, sondern nur seine venezianischen Werkzeuge gepackt werden, so begnügte sich allerdings der Doge, ihm in ernstem Tone sein Verhalten vor Augen zu führen; aber eben damit tadelte er es. — Dies ist die Inkommensurabilität, der Hiatus, den Bismarck den konstitutionellen Theorien auch bei

---

[1]) Dem entspricht es, daß der alte König die Regierungsakte dann auch als die seinen ansah, und, wenn die Sache fehl ging, den Ministern keine Vorwürfe machte.

[2]) Man kann hier daran denken, daß der Redakteur, auch wenn er ins Gefängnis geht, den Autor nicht entlastet.

der Entlassung des Kanzlers vorwirft. — „Der König ist im Damenrecht"[1]), soll Bismarck einmal gesagt haben: nun, wenn der Kämpe für das Weib nicht, wie im Lohengrin, siegt, sondern unterliegt wie bei Kleist im „Zweikampf", so ist nach der Anschauung der Zeit auch das Weib gerichtet. Eine moralische Freihaltung kann durch die Konstitution nicht gewährt werden. — Die Meinung, die das doch behaupten würde, ließe den Minister eben nicht als Diener, sondern als Vormund erscheinen, der für den Unmündigen, mit oder ohne dessen Zustimmung, handelt und sich allein bloßstellt. — Man kann diesen Hiatus in seiner Entstehung verfolgen: wenn das Gefolge, sei es nun das des Eburonen Ambiorix, des Staatsmanns Gaius Gracchus oder eines modernen Prinzen, im Kampfe für den Herrn sich körperlich aufopfert, so ist dies ein Faktum, mit dem das Recht nichts zu tun hat: wenn Strafford für Karl den Ersten von England das Schaffot besteigt, so ist das eine Rechtsfolge, die aber den Herrn nicht entlastet, wie dessen spätere Hinrichtung zeigt. — Wenn nun der Minister vor das Parlament tritt, bereit, die Redepfeile oder, im preußischen Konflikt wie im Falle Polignac, Schlimmeres auf sich zu nehmen, so entlastet er den Monarchen sittlich doch nur bei englischen Zuständen, wo der Minister bei dem Akte Herr ist und der König nur das Ministerium hätte entlassen können, ehe er die zu verantwortende Handlung zuließ. Aber wenn, nach Bismarcks Theorie, der König die Politik leitet und die Minister, nach seinem Wort, redigieren, aber nicht regieren, — so ist die Verantwortung derselben mehr nur eine formale, „eventuell tödlich"; sie entzieht den Herrn nicht der seinigen, der moralischen, die Bismarck bei Friedrich Wilhelm IV. mit den Worten erwägt: „rein menschlich gesprochen, wird sie in der Hauptsache auf dem Könige selbst beruhen bleiben, denn er hat überlegne, ihn und die Geschäfte leitende Rathgeber zu keiner Zeit gehabt" (G. u. E. I, 279, 280). Dies ist der Kernpunkt: die rein menschliche Verantwortung des Königs kann durch die Verantwortlichkeit und selbst durch die Aufopferung der Minister nicht aufgehoben werden, es sei denn, der König sei vorgezognen Geistern hörig geworden. Diese Unstimmigkeit kam auch damals in dem Redekonflikt mit dem Abgeordneten Hänel zum Ausdruck: Bismarck beschuldigt den Abgeordneten, ihm vorgeworfen zu haben, daß er sich mit dem Schilde des

---

[1]) Ähnlich in dem Erlaß an Botschafter v. Schweinitz S. 116.

Königs decke: Hänel leugnete; und, in der Tat, wer hätte dem Kanzler Mangel an Tapferkeit vorwerfen mögen! Aber wenn Bismarck, wie er selber sagte, nicht hinter dem König, sondern vor dem König stand, so bleibt doch wahr, daß die Pfeile, die auf Bismarck zielten, in der Richtung auf den König flogen! Wenn der Bürge, wie Bismarck sich nennt, verurteilt wird, bleibt das Odium auf dem Schuldner! Dies ist es, was den Gegensatz zwischen der rechtlichen und der „menschlichen" Verantwortung bildet, und dieser peinliche Erdenrest kommt meiner Empfindung nach auch in dem Wechsel von Zugeben und Bestreiten zum Ausdruck, den wir in unseren Entwürfen beobachten.

Meine These ist also: die innere Unklarheit, wenn nicht Unwahrheit, daß die Ministerverantwortlichkeit den nicht bloß herrschenden, sondern auch gouvernierenden König (roi qui règne et qui gouverne, schreibt Bismarck an den Kaiser von Österreich in Beziehung auf den König von Preußen, im März 1890) persönlich entlastet, hat sich hier auf einem Gebiete ausgewirkt, das nichts mehr mit dem Recht und dessen Fiktionen zu tun hat. Gewohnt, den König der Öffentlichkeit gegenüber zu vertreten, läßt der Fürst nicht nur die Verantwortung für den Mißgriff „Sr. Majestät des damaligen Kronprinzen", sondern den Mißgriff selbst auf die Berater fallen. In dem einleitenden Gesamtüberblick schon der zweiten Redaktion des Geheimberichts sind es die „zu weit gesteckten Ziele und die Gewaltsamkeit der Mittel, die Sr. Königlichen Hoheit von politischen Ratgebern zweifelhafter Befähigung empfohlen waren", welche Schädigungen der Beziehungen zu den deutschen Bundesgenossen fürchten ließen, wenn Bismarck mit dem Kronprinzen über intimere Fragen der Politik zu sprechen gestattet worden wäre.

Hier bleibt offen, ob der Kronprinz der Empfehlung auch nur in Worten gefolgt ist. Im allgemeinen: The king can do no wrong: also ist, was er auch tat, no wrong; hier aber: the king can do no wrong: solche Reden wären wrong: ergo hat er sie nicht geführt. — Vom ius geht es auf das factum!

Man muß mit den verschiedenen Versionen in dem Immediatbericht noch die vorsichtige Form zusammenstellen, in der die G. u. E. (2, 116) die Ziele des Kronprinzen wiedergeben. — Hier ist nicht von dem Druck behufs Eintritt in den Bund, sondern von dem Königstitel die Rede, welchen die Herren von Bayern, Sachsen, Württemberg nach kronprinzlicher Meinung aufzugeben hatten, um nicht dem vom Kronprinzen intendierten

Könige von Germanien oder Könige der Deutschen durch ihre „Koexistenz" das Niveau zu schädigen.[1]) Da sagt Bismarck nur: „Ich sprach die Überzeugung aus, daß sie sich dazu gutwillig nicht verstehen würden. Wollte man dagegen Gewalt anwenden, so würde dergleichen Jahrhunderte hindurch nicht vergessen und eine Saat von Mißtrauen und Haß ausstreuen." Man wird nicht fehlgehen in der Vermutung, daß dies eben die Reminiszenz an jene Unterredung vom 16. November ist, und der Fürst läßt vorsichtig offen, ob Gewalt vom Prinzen gewünscht, oder diese Art vorzugehen, von ihm, dem Kanzler, von sich aus, ohne daß sie vorher erwähnt war, als unmöglich bezeichnet ward.

Aber wie sehr ihm dabei das Tagebuch vorschwebte, zeigt sich in dem folgenden Absatz der G. u. E.: „in dem Geffckenschen Tagebuche findet sich die Andeutung, daß wir unsre Stärke nicht gekannt hätten; die Anwendung dieser Stärke in damaliger Gegenwart wäre die Schwäche der Zukunft gewesen." Der Kronprinz hat so geredet, aber, machtlos, wie er war, konnte er auch ohne Gefahr für die Sache so reden: die Worte seiner früheren Ohnmacht hätte der Herrscher nie in die Tat umsetzen mögen. So hat Bismarck an seiner eigenen Tafel in Versailles allerhand wilde Reden à la Percy Heißsporn über Behandlung von Franktireurs u. a. geführt, Reden, die, dann von Busch veröffentlicht, als Beweis für Bismarcksche Grausamkeit verwertet wurden. Diese Reden waren Reaktionen, unschädliche Tiraden gegen die dem Kanzler übertrieben erscheinende Milde seines Königs. Das freilich bleibt bestehen: „die Behauptung des Tagebuchs ... halte ich für eine Verleumdung des hochseligen Herrn", und dem Kanzler war die Tatsache des Gesprächs bekannt! Wichtiger aber als Versuche einer Concordantia discordantium canonum ist es, daß nach dem (S. 114) mitgeteilten Telegramm der Kanzler am 29. nach der Mainau, also zum Beschluß der Reise, meldet, er halte es für zweckmäßig, den Widerspruch gegen die Echtheit aufrechtzuerhalten. Die Schuldigen selbst würden dazu vielleicht behilflich sein.

Wieviel an diesem Argument ad hominem, nämlich ad regem, wieviel ernst gemeint, steht dahin. Aber allerdings war es ein

---

[1]) Zu der Stelle in der Voss. Ztg., die aus dem Tagebuch zitiert: „Ich zeige dagegen, daß die drei Könige uns nöthigen, den Supremat durch den Kaiser zu ergreifen" usw., notiert Bismarck ebenfalls: „Sie sollten Herzoge werden, wollte S. K. H." Vgl. S. 24 Anm. 1.

großer Gesichtspunkt, durch scharfe Hervorhebung der Ungeheuerlichkeit der Veröffentlichung solcher Dinge, „wenn sie wahr wären", die Anzuklagenden zur Vermeidung des Wahrheitsbeweises zu veranlassen. Gelang dies, so war „weitere Bosheit", nämlich neue Veröffentlichungen, immerhin noch mehr eingeschüchtert, und dann das ganze Ärgernis erstickt, nur die Wissenden — und zu diesen gehörten die Südfürsten (Lucius, S. 479, nach dem Berichte des Grafen Bismarck) — dachten sich das ihre! Kam freilich im Prozesse doch die Wahrheit an den Tag — und daß die Tagebücher existierten, war dem Kanzler durch den Hausminister bekannt —, dann war der Kronprinz mehr bloßgestellt!

Gegenüber diesem grandiosen Beispiel einer Umstellung für die Öffentlichkeit kommen die anderen kaum in Betracht. An der „Oberhausfrage" änderte der Kanzler zweimal: zuerst hieß es: „Der Kronprinz ist nie darüber zweifelhaft gewesen, daß ich ein Oberhaus, in welchem die Könige von Bayern und Sachsen mit der preußischen Herrenhaus-Curie auf einer Bank sitzen sollten, stets für unmöglich gehalten habe." — Dies ward zunächst dahin abgeschwächt: „Der Kronprinz ist nie darüber zweifelhaft gewesen, daß die Könige von Bayern und Sachsen mit den der preußischen Herrenhaus-Curie analogen Elementen unmöglich zu einem Herrenhaus zu einigen seien." — Schon diese Fassung, die nur die Unmöglichkeit nennt, ist schonender für das Selbstgefühl der Könige, aber die Schlußredaktion erst recht: „Ebenso war die Oberhaus-Idee in Donchéry abgethan."[1]) Auch als unmögliche sollte die kränkende Vorstellung den Königen nicht nahen. Abgetan ist aber in dem neuen, für die Öffentlichkeit bestimmten Bericht die scharfe Mißbilligung des Justizministers: Nicht mehr wird ausdrücklich gesagt, daß unter allen Umständen ein Verfahren hätte eröffnet werden müssen, — und wenn es zum Scheitern verurteilt war. Nur angedeutet wird, daß es schon etwas wert sei, auch nur die „feindliche Quelle wenigstens aufzudecken, aus welcher" die Publikation entspringt. — Nicht

---

[1]) Man kann hiermit zusammenhalten, was Bismarck an die Gattin über sein Duell mit Vincke schreibt — nachdem es stattgefunden, und zwar am gleichen Tage noch (Briefe an Braut u. G., S. 326): „Berlin, 25. 3. 52. ... glaube nicht, daß ich mit Vincke und Harkort in gefährlichen Beziehungen stehe, das ist alles beseitigt, darauf gebe ich Dir mein Wort, und Du weißt, daß ich Dich so nicht belüge, ich würde lieber schweigen, wenns nicht wahr wäre ..."

mehr werden die Wahlen erwähnt, sondern der Schutz des Andenkens der Kaiser vor der Entstellung, „mit welcher diese anonyme Publikation in erster Linie sich gegen den **Kaiser Friedrich** richtet".

Waren bei der Oberhausfrage und dem Briefe an den König von Bayern fürstliche Verstimmungen zu befürchten, so kam bei der Infallibilitätsfrage die innere Politik in Betracht: bemerkenswert bei der Notiz „24. 10. Bismarck sagt meinem Schwager . . ." 1. „der chronologische Irrtum"; denn der Großherzog von Baden, nicht etwa Prinz Ludwig von Hessen, der nicht in Versailles war, ist der „Schwager", und der Großherzog wird im Tagebuch erst am 3. November angekündigt, und am 7. November als eingetroffen erwähnt (s. S. 47); 2. nicht dem Kronprinzen selber, sondern dem Großherzog soll, nach dem Tagebuch, Bismarck jene Ankündigung gemacht haben: er aber sagt, zu der Bemerkung der Nationalzeitung, die es politisch für „noch bedenklicher" erklärt, daß jenes Wort veröffentlicht ward: „Unwahr! der **Prinz** wollte es, und ich sagte: davon nach dem Kriege." Auch zur Berliner Börsenzeitung schreibt er an den Rand: „unwahre!" (bei: gefährliche Insinuation). — Im zweiten Entwurf steht: „Die Infallibilität war mir stets gleichgültig, S. K. H. weniger; ich hielt sie für einen fehlerhaften Schachzug des Papstes und bat Se. K. K. diese Frage während des Krieges ruhn zu lassen; aber den Eindruck, daß ich sie nach dem Kriege betreiben wolle, kann Se. K. H. niemals gehabt und in sein ‚Tagebuch' eingetragen haben." Er setzt also als seinen Gesprächspartner unwillkürlich den Kronprinzen, nicht, wie dieser notiert, den Großherzog, und kompensiert so unbewußt jenen Tagebuchfehler.

Zur Sache vergleiche man, was Roon im Abgeordnetenhause als Ministerpräsident sagte (Roon, Leben 3, 300): „ich war mit dem Gesamtministerium seit langer Zeit überzeugt, nicht, daß wir Rom mit Krieg zu überziehen hätten, wohl aber, daß wir uns gegen Rom zu wehren hätten, und das ist geschehen seit der Zeit, wo über die Alpen die große Nachricht zu uns gedrungen ist, wo der Sirokko von Rom unsere deutschen Bischöfe als römische zurückgeführt hat. Von dem Augenblicke an gehörte sehr wenig Voraussicht dazu, um zu erkennen, wie viel Ursache der Staat hatte, auf seiner Hut zu sein. Diese Voraussicht hat sich leider durch bekannte Thatsachen bestätigt. Deswegen war also lange vor dieser vermeintlichen Ministerkrisis in dem

Ministerium Einmütigkeit über die Nothwendigkeit von Abwehrmaßregeln, zu denen wir diese Gesetze rechnen."

Nur eines, eines hat der Kanzler nicht eingeschätzt: den Eindruck, den der Satz „weil Seine Majestät einerseits Indiscretionen an den französisch gesinnten (im endgültigen Bericht „von französischen Sympathien erfüllten")[1]) englischen Hof fürchteten", auf die öffentliche Meinung in Deutschland machen würde. — Stand man hier bisher vor einem Rätsel, so bietet die Entstehung des Berichtes doch wenigstens einen Blick hinter den Vorhang: der Kanzler hat den Satz nur stehen lassen! Den psychologischen Hebel kann man da und dort ansetzen, man kann sich denken, daß er sich nun schon selber so an den Satz gewöhnt, daß ihm das Bedenkliche nicht mehr so auffiel, man kann auch annehmen, daß, nach dem Durchbruch der Bitterkeit, es ihm nicht mehr gelang, „sich zu fangen" (dies Bismarckwort zitiert Bülow), man kann sich vorstellen, daß neben den einzelnen Fakta die Einleitung verblaßte, — kurz: nicht streichen ist eher begreiflich als für die Öffentlichkeit von Anfang an hineinsetzen! Über diesen Satz folge eine besondere Erwägung!

---

[1]) Man beachte die feine Nuance! Die zweite, höflichere und vorsichtigere Fassung lehnt sich an den Bericht vom 20. 9. über den Prinzen von Wales an: vgl. S. 9 u. 10.

Einschübe

„Indiscretionen an den von französischen
Sympathieen erfüllten englischen Hof." (S. 28)

Im ersten Entwurf hieß es: „(Obschon S. K. H. der damalige Kronprinz außerhalb der politischen Verhandlungen stand) nach dem durch das Bedürfnis der Discretion England gegenüber bestimmten Willen des Königs, (ist es doch kaum möglich, daß bei täglicher Niederschrift usw.) (so viele und so starke ... Irrthümer ... enthalten sein könnten)."

War des alten Königs Sorge begründet?

Max Lenz machte mich auf die Ähnlichkeit aufmerksam, — daß bei der Danziger Episode von 1863 (vgl. S. 70) die geheime Korrespondenz des Königs mit dem Kronprinzen durch die Times zuerst veröffentlicht ward (Meisner, Verfassungskampf, S. 25), bevor in Deutschland unabhängig von ihr weitere indiskrete Publikationen erfolgten: dies konnte durch den englischen Hof gegangen sein; nie wird die Erinnerung daran im Gemüte des Königs und im Geiste des Ministers verblaßt sein! Nie wird hier der Satz: was geschehen ist, kann wieder geschehen! seine warnende Kraft verloren haben! Wie gespannt das Verhältnis des Königs zu seinem einzigen Sohne seitdem zeitweilig war, das zeigt ein Brief des badischen Eidams von 1869 an seinen Freund, den Staatsrat Geltzer (der die Königl. Hoheit von Baden wohl mit „Sie" anredet, also wirkliche Intimität genießt). Der Großherzog berichtet, welche Stimmung seine Gemahlin beim Besuche der Eltern in Berlin gefunden. Der alte König klagt der Tochter über sein Verhältnis zum Thronerben und zum leitenden Staatsmann (Oncken 2, 118ff.): „6. April. Der König sagte neulich meiner Frau ganz einfach: Bismarck erträgt durchaus keinen Widerspruch mehr, so daß man über viele Dinge nicht mehr diskutieren kann. Das hat mir meine Frau natürlich im engsten Vertrauen geschrieben und dabei gesagt, ihr Vater habe die

Finger auf den Mund gelegt und gesagt: das aber nur ganz unter uns beiden!! Ihnen sage ich es aber dennoch, denn es ist äußerst wichtig, zu wissen, daß Bismarck beim König nicht mehr das gilt, was er früher gegolten, daß, kurz gesagt, die Vertrauensstellung erschüttert ist. Es könnte also der Fall eintreten, wo eine Drohung Bismarcks mit seinem Rücktritt vom König ernst genommen und zu Bismarcks Überraschung unter Befriedigung angenommen zu werden Aussicht hätte ... Das Verhältnis des Königs zum Kronprinzen war bekanntlich schon oft Gegenstand unseres Nachdenkens, und dieses Verhältnis ist leider nicht besser geworden. Der Kronprinz, schreibt mir meine Frau, ist und wird mehr und mehr abhängig von der Kronprinzessin, deren Einfluß in manchen Dingen geradezu verderblich wird. Das systemlose Oppositionmachen geht nicht nur weit, sondern verdrängt alle pflichtgemäßen Rücksichten kindlicher Ehrfurcht. Der König empfindet das tief, aber er erwidert dieses Benehmen mit Liebe und schweigt über vieles, was eigentlich gerügt werden sollte. Nur meiner Frau gegenüber klagte er mit Wehmuth über diesen großen Mißstand. Also liegt der ernste Fall vor, daß der Kronprinz sich eines jeden Einflusses selbst beraubt hat."

Was damals zwischen dem König und Bismarck stand, ist, wie Oncken (2, 119, Anm.) es ausdrückt: der „aus Anlaß der Auseinandersetzung zwischen dem preußischen Staate und der Stadt Frankfurt, sowie aus Anlaß der Frage der Entlassung Usedoms[1]) entstandene Konflikt". Bezeichnend, daß das eben damals (Februar 1869) eingereichte Entlassungsgesuch des Grafen Bismarck es war, auf das der alte König antwortete: „Ihr Name steht in Preußens Geschichte schöner als der irgend eines preußischen Staatsmanns. Den soll ich lassen? Niemals.[2]) Ruhe und Gebeth wird alles ausgleichen. Ihr treuester Freund W." So wenig kannte auch der Eidam den König, daß er mit Bismarcks Entlassung eben damals rechnete. Bismarck in seinem Hymnus auf den alten Kaiser (G. u. E. 2, 289): „Ich hatte mir

---

[1]) Der nach Bismarck „bedenkliche" Gesandte in Turin und Florenz, Graf Usedom, war im Dezember 1868 auf der Rückreise nach Florenz bei Chlodwig Hohenlohe (damaligem bayerischen Premierminister) in München (Hohenlohe 1, 341 ff.) und sprach sich da nicht übermäßig anerkennend über seinen Chef Bismarck aus; übrigens auch er „nicht ohne Funken von Geist" — wie, nach dem kronprinzlichen Tagebuch, Odo Russell in Versailles von Bismarck urteilt.

[2]) „Er durfte es sagen!"

die Logik zurechtgelegt, daß ein Herrscher, der mir in dem Maße Vertrauen und Wohlwollen schenkte, wie Wilhelm I., in seinen Unregelmäßigkeiten für mich die Natur einer Vis major habe, gegen die zu reagiren mir nicht gegeben sei, etwa wie das Wetter oder die See, wie ein Naturereignis, auf das ich mich einrichten müsse; ...." So empfand auch der alte Kaiser für Bismarck, den „Gottes gnädige Führung mir zur Seite gestellt" (Briefw. 1, 344; 1. Sept. 1884 bei der Verleihung des Pour le mérite, die „Versäumtes" nachholte).

Die kronprinzliche Fronde mißbilligte also selbst der liberale Schwager. Die Tagebücher aus England vollends zeigen, wie stark im Kronprinzen jener dynastische Zug war, der die Staatssachen durch Familienbeziehungen trübt, und der ja seine Söhne noch 1914 zu nichtigen und, wie gut auch gemeint, verhängnisvollen Aktionen gekrönter Selbsttäuschung führte; jene patriarchalische Auffassung des Staates, die den Zaren Alexander II. „unbefangen der Meinung" sein ließ, „daß es sein monarchisches Recht sei, auch auf diesem Wege[1] von der Korrespondenz Kenntnis zu nehmen, deren Trägerin die russische Post war".[2]

Klar ist, daß die Anglophilie im „Tagebuch" durch den Briefwechsel mit der Gemahlin geschürt ward.[3] Mitunter mochte sogar eine Änderung des Empfindens auf inmittelst einpassierte Victoria-Briefe zurückzuführen sein: der Kronprinz sagt (1. August S. 19 des vollen Tagebuchs): „die Enthüllungen, die wir über die Pläne Benedettis veröffentlicht haben, müssen auf alle Welt Eindruck machen (sie mögen ihren Ursprung haben, wo sie wollen) und können nur zu unseren Gunsten reden." S. 76 aber, 26. August: „Die Bekanntgabe von Benedettis Gelüsten auf Belgien schadet uns gegenwärtig in England, weil die nächste Folge des durch jene Papiere hervorgerufenen Entsetzens die Betrachtung war, daß ohne vorherige Ermuthigung durch den preußischen Minister ein Benedetti sich nicht eine solche Sprache erlaubt haben würde. Gott gebe, daß diese Mißstimmungen nur

---

[1]) Nämlich des Öffnens geschlossener Briefe durch die Post.

[2]) Nicolaus I. entschied in Olmütz für Österreich nach seiner persönlichen Einschätzung der beiden Monarchen, — weil er eben Franz Joseph für geeigneter zur späteren Führerrolle hielt als den damaligen Preußenkönig; das war ein staatlicher und sachlicher Gesichtspunkt der Politik.

[3]) Vgl. Meisner, S. IX: „... daß nunmehr (nämlich in eine spätere Revision) der im Briefwechsel mit der Kronprinzessin vorhandene Stoff eingearbeitet worden ist."

vorübergehender Art sind!" Und in dem Ergusse vom Jahresschluß (volles Tagebuch, S. 303, 31. Dezember): „Im Jahre 1864 haben seine (Bismarcks) Ränke und Intrigen den Sieg einer guten Sache geschädigt; im Jahre 1866 hat er Österreich zerschlagen, ohne Deutschland zu einigen, und jetzt hat er durch die Veröffentlichung der Benedettischen Anerbietungen den Schein auf uns geladen, als seien wir unter Umständen nicht abgeneigt gewesen, auf Napoleons perfide Pläne einzugehen." Hier wird die Vermutung nicht allzu kühn sein, daß der Umschlag von befriedigter Anerkennung in bedenkliches Kopfschütteln begünstigt worden sein kann durch Werturteile der Kronprinzessin, — sowie auch die Erbitterung über den prussophilen und anglophoben Zaren[1]) vielleicht durch heimatliche Briefe Nahrung fand.

Nochmals sei betont, daß das — allerdings limitirte — Wohlwollen der Königin Victoria für Preußen schon in der Zeit vor 1866 zum guten Theil dem mütterlichen Instinkt, und also indirekt der preußischen Kroprinzessin verdankt ward.

Der durch das Bedürfnis der Diskretion England gegenüber bestimmte Wille Seiner Majestät war also wohlbegründet.[2]) — Aber gab es nicht für den Kanzler eine zeitlich näherliegende Erscheinung, die Befürchtungen wegen Indiskretionen hervorrufen konnte? — Die große Unterredung Kronprinz-Kanzler über die Kaiserfrage fand im November 1870 statt. Nun geben die „Erlasse" (Werke 6b) Material, das der Herausgeber Thimme mit wertvollen Anmerkungen begleitet: gerade ein Jahr vorher, Ende 1869, hatte Bismarck begonnen, die Kaiserfrage zu erwägen, deren nationale Werbekraft er für das 1871 zu erneuernde Septennat ebenso in Dienst zu nehmen beabsichtigte, wie einst vor dem Kriege 1866 das allgemeine und gleiche Wahlrecht für die Rivalitäten am Bunde. Den Kronprinzen weihte der Kanzler auf einer Bahnfahrt am 7. Januar 1870 in den Plan ein, und schon am 11. erzählte ihn Lord Clarendon, der englische Staatssekretär des Auswärtigen, dem norddeutschen Gesandten in London, Grafen Bernstorff. Der Lord gab die Sache auch an seinen Gesandten in Paris (das Nähere bei Thimme, S. 212 zu Nr. 1478). Der Kronprinz sprach ferner im April oder Mai mit dem britischen Gesandten in Darmstadt, Sir Robert Morier, über den Plan, und

---

[1]) S. 3 u. 4.
[2]) Oben (S. 6) ist schon gezeigt, daß Weimar und Baden den Kronprinzen nicht in die intimeren Details der Pontusfrage eingeweiht haben.

auch dieser berichtete. Infolge dieser Zwischenfälle vertagte Bismarck die Sache. — General v. Stosch, lange Zeit Vertrauter des Kronprinzenpaares, schreibt (s. Thimme) die damalige Abneigung des Kronprinzen dem Wunsche zu, seiner eigenen Tätigkeit die Ausführung vorbehalten zu sehen (S. 281). — Eben 1888 spielte eine arge Fehde zwischen Sir Robert und Graf Herbert wegen des ersteren Berichterstattung im Jahre 1870 sich ab; nun stelle man sich die Empfindungen des Fürsten in Erinnerung an die Handlungsweise des Kronprinzen anfangs 1870 im Zusammenhalt mit dem „Tagebuch" de dato 16. 11. 1870 vor.[1]) — Aber freilich, der Kanzler begnügt sich nicht damit, das Bedürfnis der Diskretion England gegenüber zu betonen; er verändert diese Worte noch im Geheimentwurf dahin: daß „Se. M. Indiscretionen an den französisch gesinnten englischen Hof fürchteten". Schärfer also und erstmalig direkt gegen den Kronprinzen gerichtet. Bedürfnis der Diskretion ließ die Auslegung zu: man wollte dem Kronprinzen peinliche Frager vom Halse halten; Indiskretionen forderten zum mindesten, daß man ihm das Augenmaß nicht zutraute für die Diskretion seiner Vertrauten![2])

Ergäben die Akten nichts weiter, als eben dies, daß der Indiskretionensatz in einen Geheimbericht hineinkorrigiert ward, so enth'elten sie damit allein eine Tatsache von maßgebender Wichtigkeit für die psychologische Erkenntnis: ja, in einen geheim bleibenden Bericht konnte der große Kanzler unbedenklich ein solches Urteil einfügen!

Weshalb aber hat er die erstgeschriebenen, harmloseren Worte mit jenen schärferen vertauscht? Seine Kampfesweise war: je näher dem Feinde, je schärfer; er hat ja auch in das Konzept von Herberts Hand in der Erwiderung auf das Kaiserbillett über die Berichte des Konsuls in Kiew unmittelbar vor der Entlassung „mit glücklich angenommener Naivetät" einen dämonischen Hinweis auf die verschleppende Aktenerledigung des Kaisers hineinkorrigiert, und auch sonst Attakken verschärft, z. B. als in einer Postquittungsaffäre Preußen und Bayern im Bundesrat überstimmt waren. So war sein Genie!

---

[1]) Hohenlohe 2, 463 erzählt unterm 15. Dezember 1889 von einem überaus bitterscharfen Urteil Bismarcks über Kaiser Friedrich und fügt hinzu: „Einzelne Thatsachen, die er erzählte, waren allerdings sonderbar." Sollte der Kanzler dem Bayern schlimmes von den Gewaltandrohungen vom November 1870 erzählt haben?

[2]) Von culpa in eligendo spricht hier der Jurist.

Wohl mochte ihm auch vor die Seele treten, daß das Bedürfnis nicht nur der Diskretion England gegenüber, sondern auch der Rücksicht auf die Bundesgenossen hier vorn zu nennen sei, damit der Kaiser sich auch dieses bei seinen Besuchen vor Augen halte. Wenn aber beides erwähnt ward, so mußte ein ausgedehnter Hauptsatz den kleinen Motivsatz ersetzen. Zugleich aber wird der Gedanke an die eben verhinderte Teilnahme des Prinzen von Wales an der Wiener Entrevue mitgespielt haben: darum die Ersetzung von „England" durch den „Englischen Hof", — die französischen Sympathien des Prinzen von Wales, von denen er am 20. September berichtet hatte, stellen sich ja sogleich ein, ohne daß der Prinz gerade genannt würde![1])

Woran aber war zu erkennen, daß ein Einschub vorliegt?

Der Aufbau des Satzes ist: 1. Behauptung: der Kronprinz stand außerhalb des Kreises der Eingeweihten. Das ist erstaunlich, also folgt Begründung: — 2. ich besaß nicht die Erlaubnis des

---

[1]) In meinem Buche „Bismarcks letzter Kampf" sage ich S. 30: „Was konnte Bismarck, was den Kaiser damals besonders zur Veröffentlichung des Berichtes mit dem ominösen Satz bewegen?" S. 32: „Gegen den Prinzen von Wales ging der inkriminierte Satz." S. 33: „daß der Bericht bestimmt war, auch den Kaiser in seiner Animosität gegen den Prinzen von Wales zu bestärken." — Hiergegen ist betont worden (Beyerhaus, Festschrift für Aloys Schulte, S. 320): „Wenn es dem Kanzler darauf ankam, den jungen Kaiser gegenüber den Einflüsterungen seiner englischen Verwandten festzumachen, so mochte er die Abfassung des Immediatberichtes allenfalls für nützlich und zweckentsprechend halten, aber es ist schlechterdings nicht einzusehen, was Bismarck bewegen konnte, diesen Erziehungsversuch durch den demonstrativen Druck der Öffentlichkeit noch zu verschärfen." Mir kam es damals allerdings bei dem ganzen Immediatbericht nur auf den Satz mit den Indiskretionen an; dieser Satz hat Bedeutung auch für die Historie, nicht nur für den Historiker. Alles, was Bismarck über Unechtheit oder Gedächtnisfehler sonst in dem Berichte vorbringt, selbst die Verurteilung der abgelehnten Drohungen an Bayern, hätte die deutsche Öffentlichkeit ertragen, die „Indiskretionen" heilten nicht. — Aber die Kenntnis der Entwürfe rechtfertigt und beseitigt die Gegenargumente von Beyerhaus; sie zeigt, daß ursprünglich, und bereits mit dem ominösen Satze versehen, der Bericht allerdings ein Internum für Amt und Kaiser bleiben sollte, und somit wird des Kanzlers Verhalten, wie ich es motiviere, auch für Beyerhaus „allenfalls nützlich und plausibel". — Das aber ist ja der Angelpunkt: erst Internum; bei dem plötzlichen oder wenigstens raschen Frontwechsel zur Veröffentlichung hin mußte der Verfasser viel ändern und — wahrhaftig, er hat es besorgt! — aber den Satz, den er auch hätte weglassen oder entgiften sollen, den ließ er eben stehen, darüber kommt kein Beurteiler weg, mögen die Motive des Kanzlers diese oder jene gewesen sein.

Königs, den Thronerben einzuweihen, weil zwei Bedenken entgegenstanden. — 3. Quod erat demonstrandum: der Kronprinz stand also außerhalb... — Diese Wiederholung befremdete mich zuerst. Dazu kam, daß der Satz: „Ich besaß nicht die Erlaubnis des Königs", abrupt, — wie der Schallanalytiker Sievers es bezeichnete: mit einem Bruch, einsetzt — wie wenn er eine Zwischenfrage aufklärte — und die dem Kronprinzen zugeschriebene Ermöglichung von Indiskretionen zu dem apologetischen Charakter des Schriftstückes nicht wohl sich fügte. Die Vermutung, daß ein späterer Einschub vorliege, ward durch die Akten bestätigt.

Hier sei bemerkt, daß eine solche Wiederholung Bismarcks Stil an sich nicht fremd ist: er liebt ein Résumé und am Schlusse unserer Urkunde steht ja auch noch einmal: „ich halte nach Allem diesem das Tagebuch... für unecht." Nur daß so kurz hintereinander zweimal der gleiche Satz steht, war befremdend. Dies findet sich übrigens noch einmal bei Bismarck in einem zweiten denkwürdigen Aktenstück, in der Note an den französischen Botschafter Herbette, die den Schnäbele-Fall des Aprils 1887 beilegte und also den Frieden erhielt:

Ein französischer Grenzkommissar, namens Schnäbele, hatte die häufigen Reisen, zu denen sein Amt ihm Gelegenheit bot, dazu benutzt, mit Erfolg deutsche Staatsangehörige zur Spionage anzustiften: er war, auf deutschem Gebiete, auf Befehl des untersuchenden Reichsgerichtes verhaftet worden. Formell war die Sache in Ordnung, allein die verhaftenden Polizeiorgane hatten nicht gewußt oder nicht bedacht, daß der sonst öfters von sich aus privatim Metz besuchende Spionenhalter gerade diesmal auf Grund einer Verabredung mit einem deutschen Grenzkommissar zu einer amtlichen Besprechung erschienen war: deshalb ließ Bismarck ihn laufen oder, wenn man lieber will: da Bismarck keinen Krieg wollte, ließ er ihn mit dieser Begründung laufen. In der Note an den französischen Botschafter Herbette nun setzte der Kanzler auseinander, daß bei Schnäbele die Straftat der Anstiftung zum Landesverrat zweifellos vorliege und erwiesen sei; nichtsdestoweniger erfolge die Freigabe des p. Schnäbele (Große Politik 6, 188):

Der Unterzeichnete gibt sich der Hoffnung hin, daß der Herr Botschafter aus den mitgeteilten Aktenstücken die Überzeugung schöpfen werde, daß der gerichtliche Haftbefehl gegen Schnäbele wohlbegründet war, und daß die Ausführung desselben innerhalb der deutschen und ohne Verletzung französischer Hoheitsrechte stattgefunden hat. Wenn der Unterzeichnete dennoch für seine Pflicht gehalten hat, den Befehl zur Freilassung Schnäbeles von dem Kaiser, sêinem allergnädigsten Herrn zu erbitten, so ist er dabei von der völkerrechtlichen Auffassung geleitet worden, daß Grenzüberschreitungen, welche auf Grund dienstlicher Verabredungen zwischen Beamten benachbarter Staaten erfolgen, jederzeit als unter der stillschweigenden Zusicherung freien Geleites stehend anzusehen seien. Es ist nicht glaublich, daß der deutsche Beamte Gautsch den Schnäbele zu einer Besprechung in der Absicht aufgefordert habe, seine Verhaftung möglich zu machen; es liegen aber Briefe vor, welche beweisen, daß Schnäbele, als er verhaftet wurde, sich an der Stelle, wo dies geschah, infolge einer mit dem diesseitigen Beamten getroffenen Verabredung befand, um gemeinsame amtliche Geschäfte zu erledigen. Wenn die Grenzbeamten bei derartigen Gelegenheiten der Gefahr ausgesetzt wären, auf Grund von Ansprüchen, welche die Gerichte des Nachbarstaates an sie machen, verhaftet zu werden, so würde in der dadurch für sie gebotenen Vorsicht eine Erschwerung der laufenden Grenzgeschäfte liegen, welche mit dem Geiste und den Traditionen der heutigen internationalen Beziehungen nicht in Einklang steht. Der Unterzeichnete ist daher der Meinung, daß derartige geschäftliche Zusammenkünfte jederzeit als· unter dem Schutze gegenseitig zugesicherten freien Geleites stehend gedacht werden sollten. In diesem Sinn hat er, unter voller Anerkennung der Berechtigung des Verfahrens der diesseitigen Gerichte und Beamten das Sachverhältnis bei Seiner Majestät dem Kaiser zum Vortrag gebracht; allerhöchstdieselben haben dahin zu entscheiden geruht, daß in Betracht der völkerrechtlichen Motive, welche für unbedingte Sicherstellung internationaler Verhandlungen sprechen, der pp. Schnäbele trotz seiner Festnahme auf deutschem Gebiet und trotz der gegen ihn vorliegenden Schuldbeweise in Freiheit zu setzen sei.

Bei der Lektüre der Drucksache habe ich daher der Erwägung Raum gegeben, daß auch hier die zweite Betonung des stillschweigenden Rechtssatzes späterer Einschub sei, und der Kanzler ursprünglich nur schrieb: „so ist er dabei von der völkerrechtlichen Auffassung geleitet worden, daß Grenzüberschreitungen, welche auf Grund dienstlicher Verabredungen zwischen Beamten benachbarter Staaten erfolgen, jederzeit als unter der stillschweigenden Zusicherung freien Geleites stehend anzusehen seien.) In diesem Sinn hat er, unter voller Anerkennung der Berechtigung usw., das Sachverhältnis bei Seiner Majestät dem Kaiser zum Vortrag gebracht . . ."

Die Akten ergeben zwar: der ganze Absatz ist von der Hand des Fürsten am Rande des Entwurfes, den Graf Herbert geschrieben, mit Bleistift an Stelle eines gräflichen Absatzes eingetragen. Aber sie ergeben keinen Anhalt dafür, daß innerhalb der fürstlichen Ersatzschrift ein Nachtrag stehe. Vielleicht kam es dem Kanzler darauf an, mehrmals zu betonen daß nur die völkerrechtliche Billigkeitserwägung, der stillschweigende contrat international, und nicht etwa die französischen Deklamationen über angeblich verletzte Hoheitsrechte ihn zu seiner nachgiebigen Handlungsweise veranlaßten.

Herrn Professor Hermann Fränkel in Göttingen, mit dem ich die Sache besprach, verdanke ich folgendes Urteil:

„In dem Immediatgesuch scheint der Abschnitt:

Ich besaß nicht die Erlaubnis des Königs, über intimere Fragen unserer Politik mit Sr. Königlichen Hoheit zu sprechen, weil Se. Majestät einerseits Indiscretionen an den von französischen Sympathieen erfüllten englischen Hof fürchteten, andererseits Schädigungen unserer Beziehungen zu den deutschen Bundesgenossen, wegen der zu weit gesteckten Ziele und der Gewaltsamkeit der Mittel, die Sr. Königlichen Hoheit von politischen Ratgebern zweifelhafter Befähigung empfohlen waren. Der Kronprinz stand also außerhalb aller geschäftlichen Verhandlungen.

nachträglich zugesetzt zu sein. Streichen wir diesen vermuteten Einschub, so lautet der Text:

Ich halte dieses Tagebuch in der Form, wie es vorliegt, nicht für echt. S. Majestät, der damalige Kronprinz, stand 1870 allerdings außerhalb der politischen Verhandlungen und konnte deshalb über manche Vorgänge unvollständig oder unrichtig berichtet sein. Nichtsdestoweniger ist es kaum möglich, daß bei täglicher Niederschrift der empfangenen Eindrücke so viel Irrthümer tatsächlicher, namentlich aber chronologischer Natur in den Aufzeichnungen enthalten sein könnten.

In dieser Fassung ist der Text knapp, straff, zusammenhängend in der Sache und einheitlich im Ton. Der Einschub dagegen bewirkt, daß

1. „allerdings" allzu lange in der Schwebe bleibt, bis es seinen zugehörigen Nachsatz erhält;

2. der Zusatz „und konnte deshalb über manche Vorgänge unvollständig oder unrichtig unterrichtet sein", der eigens geschrieben wurde, um einen fugenlosen Anschluß an das ursprünglich Folgende („nichtsdestoweniger ist es kaum möglich" usw.) herzustellen, nun überflüssig wird. Denn mit dem jetzt folgenden Einschub hat er keinen Zusammenhang. Vielmehr ist der Einschub eine Anmerkung zu „stand außerhalb der politischen Verhandlungen", und endet demgemäß mit einem wiederholten „stand also außerhalb aller geschäftlichen Verhandlungen". Diese Anmerkung hätte sich an „Verhandlungen" hängen sollen, und hat nur deshalb einen späteren Platz erhalten, weil sie dort keinen Satzschluß fand;

3. die Einheit des Tons ebenso wie die des Gedankens gesprengt wird. Der Satzanfang „Ich basaß" springt hart und persönlich heraus, während der Text sonst in einem aktenmäßig neutralen Ton gehalten ist. Bismarck redet in dem Einschub unverhüllt die Sprache einer offensiven Rechtfertigung, angefangen von dem ohne sprachlichen Zusammenhang vorbrechenden „Ich" — einem ganz andern „Ich", wie das in jeder Hinsicht korrekte „Ich", mit dem der vorangehende Satz beginnt. Dem gereizten Ton entspricht auch die schärfere Formulierung „aller (geschäftlichen Verhandlungen)" gegenüber dem ebenso deutlichen, aber ruhigen „der (politischen Verhandlungen)" an der früheren Stelle. Die gesamte Rechtfertigung hat nichts mit der Frage zu tun, ob die Tagebücher echt sind.[1]"

---

[1] „Nicht als Argument für nachträglichen Einschub läßt sich dagegen die Wiederholung von „stand außerhalb der geschäftlichen Verhandlungen" als solche verwenden. Herr Gradenwitz macht mich auf andere Fälle von Wiederholungen in Bismarcks Stil aufmerksam, z. B. auf einen Abschnitt aus dem Brief an Herbette vom 28. April 1887 (Große Politik VI, Nr. 1263, S. 188f., abgedruckt oben S. 105). Fast wörtlich wird auch hier ein Satz wiederholt („. . . als unter der stillschweigenden Zusicherung freien Geleites anzusehen seien"), und doch bildet der Abschnitt ein lehrreiches Gegenbeispiel: die Wiederholung ist ein notwendiges Glied in einem von vornherein so intendierten Aufbau.

Die Verhaftung des französischen Agenten Schnäbele hatte in Frankreich eine unverhältnismäßige Aufregung verursacht, und bei der ohnehin gespannten Situation wollte Bismarck den Franzosen in dieser unbedeutenden Angelegenheit entgegenkommen; freilich sollte sich das Reich dabei nichts vergeben. Deshalb rückt Bismarck mit Nachdruck ein allgemeines Prinzip internationaler Courtoisie in den Vordergrund, das für die Freilassung des Agenten eine neutrale Grundlage geben konnte. Dies Prinzip ist es, das zweimal zum Ausdruck kommt, und schließlich noch in einer

Ich muß allerdings sagen, daß auch im Herbette-Erlaß vor: „Es ist nicht glaublich", für mein Empfinden eine Art Atemholen ist.[1])

---

dritten Variation wiederkehrt („. . . Motive, welche für die unbedingte Sicherstellung internationaler Verhandlungen sprechen."). Der Gang der gesamten Darlegung beginnt bei dem Endergebnis: „den Befehl zur Freilassung zu erbitten", um diesen Schritt dann rückläufig mit dem Prinzip zu motivieren. Der anschließende Satz weist nach, daß es sich im Fall Schnäbele tatsächlich um eine „dienstliche Verabredung" handelte (wobei noch der Vorwurf zurückzuweisen war, daß Schnäbele durch ein „guetapens", eine „fraude" — Nr. 1261, 1262 — auf deutsches Gebiet gelockt worden wäre). Sogleich wird darauf der Fall mit Energie ins Typische gewendet („bei derartigen Gelegenheiten", „derartige geschäftliche Zusammenkünfte"), um aus ihm das Prinzip abzuleiten und zu entwickeln. Nachdem dies geschehen ist, ist der Kreis geschlossen, und die Darstellung geht nun von dem Prinzip aus wieder vorwärts zu dem Vorschlag an den Kaiser, Schnäbele frei zu lassen.

Er ist als Gegenbeispiel lehrreich, weil er trotz der Wiederholung einen streng geschlossenen Bau zeigt, zu dem die Wiederholung als notwendiges Element gehört."

[1]) Wie sehr eine Unebenheit im Stil für die Annahme eines Einschubes spricht, zeigt z. B. ein Erlaß (6. 4. 69, Werke 6, 341. — Anmerkungen *) und **) von Thimme): „Immer habe ich fest daran gehalten, daß dies ein erstes nicht zu überspringendes Stadium sein, daß die Abtretung selbst erst in zweiter Linie zur Sprache kommen müsse; und wenn mir Herr Benedetti andeutete, daß man in Paris nunmehr entschlossen sei, die Initiative, welche ich für uns als unmöglich bezeichnet hatte, in die Hand zu nehmen, so konnte ich das nur in diesem Sinn verstehen, und ich durfte daher glauben, wesentlich mit dem Kaiser, welcher Ew. pp. wiederholt in derselben Weise gesprochen, und mit seinen Organen auf demselben Boden mich zu befinden.*) Während dieser ganzen Zeit haben unsre Verhandlungen sich auf dem Terrain bewegt, daß ich u[nd] bislang ohne Erfolg meine Bereitwilligkeit bethätigte, den König zur Räumung Luxemburgs zu bewegen u[nd] Mittel u[nd] Wege zu finden, um S[eine]r Maj[estät] diesen Entschluß ohne Verletzung des deutschen Gefühls möglich zu machen. Ueber diese Linie hinaus hat Benedetti niemals eine Zusicherung von mir erhalten, auch später nicht. Ich bin ehrlich bestrebt, das Ziel zu erreichen, auf dieser Basis bis heut stehn geblieben, während Frankreich oder Benedetti seitdem in der zweiten Phase der Sache, auf eigne Hand u[nd] eigne Gefahr mit Holland verhandelt haben.

Die zweite Phase, deren Anfangspunkt ich oben ungefähr bezeichnet habe, hat mir leider gezeigt, daß dies wenigstens von da an nicht mehr der Fall war.**) Man schlug, ohne uns auch nur eine Andeutung davon zu geben, im Haag und in Luxemburg seine eigenen Wege ein . . ."

*) Der folgende Rest des Absatzes eigenhändiger Zusatz Bismarcks.
**) Inhaltlich knüpft dieser Absatz an den Schluß des voraufgehenden vor dem Zusatz Bismarcks an.

Fiktion

„Unter irgend einem Gesichtspunkt für unecht, insoweit es für eine tägliche Niederschrift des hochseligen Kaisers Friedrich als Kronprinz ausgegeben wird." (S. 31)

„Zunächst," sagt Bismarck an Busch am 26., „müssen wir es ... als Fälschung behandeln, — wo sich schon manches darüber sagen läßt. Dann, wenn sie die Echtheit beweisen durch Vorlegung des Originals, weiteres auf anderen Wegen." „Ich selber halte das Tagebuch für noch echter als Sie. Aber fürs erste müssen wir es bezweifeln ... der Kaiser war quite in a rage und will scharf eingeschritten wissen gegen die Veröffentlichung."[1])

Hiernach hat der Fürst am 27. September im Reichsanzeiger einen Bericht (vom 25.; datiert vom 23.) erscheinen lassen, der eine Fiktion enthielt, — die Fiktion einer stärkeren Unechtheit des Tagebuches, als die ihm zur Zeit vorschwebte. Eine ganz andere Frage ist, welches des Fürsten **erster** Eindruck gewesen war.

Als er seinen ersten Entwurf dem Eidam diktierte, hatte er die Börsenzeitung gelesen — „Bleichröders Börsenzeitung" nennt sie Busch, Tagebuchblätter 3, 348 —, die das „Elaborat" eine Erfindung nannte.[2]) Er hatte seinem Gefühl in einem Telegramm an das Auswärtige Amt Ausdruck gegeben, und zwar dahin, daß er die Echtheit bezweifle, namentlich für unmöglich halte, daß der ganze Inhalt von dem Kronprinzen selbst herrühre und täglich in frischer Erinnerung aufgezeichnet worden sei. Im ersten Entwurf eines Schreibens meint er: „... in der Form, wie es vorliegt, nicht für ächt ... [Bei der strengen Wahrheitsliebe des Kronprinzen ist nicht anzunehmen, daß von S. K. H. Selbst tägliche Aufzeichnungen durch spätere Zusätze irrthümlicher

---

[1]) Die Kaiserin Friedrich schreibt an die Königin Victoria, ihre Mutter (Ponsonby, S. 364): „Wilhelm war wüthend und nannte es ‚Hochverrath' und Diebstahl an Staatspapieren." Der kaiserliche Zorn verschärfte natürlich des Kanzlers Vorgehen!

[2]) Vgl. S. 25 u. 27.

Natur modificirt worden wären.] Es ist wahrscheinlicher, daß entweder die täglichen Aufzeichnungen selbst, oder doch die späteren Correcturen von irgend Jemand aus der Umgebung des Kronprinzen herrühren. Sie könnten deshalb doch in letzter Redaction von der Hand des Herrn geschrieben sein. [[Das angebliche Tagebuch enthält irrthümliche Angaben, über deren Unrichtigkeit der Kronprinz nicht im Zweifel war.]]"[1])

Wenn auch die beiden Sätze [ ] und [[ ]], die auf die Wahrheitsliebe gehen, vorsichtshalber wieder gestrichen sind, so entspricht doch der erste Entwurf dem Befunde, wie ihn nach einigen Tagen der Hausminister gemeldet hat. Dieser hat nämlich am 25. einen Bericht an den Kaiser erstattet und abschriftlich dem Auswärtigen Amte mitgeteilt: von letzterem sogleich telegraphisch dem Reichskanzler signalisiert, gelangte er am 26. nach Friedrichsruh und ward auch am 26. dort präsentiert. Der Hausminister vermeldet, daß im Hausarchiv drei Tagebücher ruhen:

   A. Das erste ist allerhöchsteigenhändig, anscheinend mit metallographischer Tinte, behufs des Umdrucks auf einzelne, nur einseitig benutzte Blätter geschrieben, und sind diese alsdann auf Papier aufgeklebt und in Leder gebunden. Die erste Seite trägt noch die Bemerkung: „Duplikat meiner täglichen Niederschriften für die Kronprinzessin!"

   B. Das zweite Exemplar ist lediglich ein metallographischer Abzug des ersten Exemplars.

   C. Das dritte endlich ist eine veränderte Redaktion von A und von einer Kanzleihand geschrieben. Nicht nur weist der von dem Kanzlisten geschriebene Text Abweichungen von dem Text von A B auf, sondern es sind außerdem noch von der Hand Seiner Majestät zahlreiche Änderungen und umfangreiche Zusätze zum Theil auf besonderen Bogen gemacht.

Eine Vergleichung mit den Auszügen der Deutschen Rundschau ergiebt, daß die letzteren auf einer Kenntniß nicht bloß der kürzeren Redaktion der Exemplare A B, sondern auch der in C erhaltenen Erweiterungen und Zusätze beruhen. Die Auszüge geben den Tagebuchtext außerordentlich verkürzt, mit vielfach veränderter Wortfassung wieder, allein was sie enthalten, findet sich auch in den Tagebüchern, insbesondere

---

[1]) Ähnlich Busch Tagebuchblätter 3, 244; ebenda (S. 246) werden Markgraf Gero und die Wendenfürsten (die er zu Gaste lud und ermordete) und die Mordnacht von Sendlingen erwähnt.

der Redaktion C, in derselben Reihenfolge der Gedanken und mit genauer Beibehaltung des Sinnes, meist auch der wesentlichen Ausdrücke.

Ob das Exemplar C im Original dem Verfasser der Auszüge vorgelegen hat, ist nicht festzustellen. Es ist auch möglich, daß von C Abschriften gemacht und metallographisch vervielfältigt sind, eine solche Abschrift ist indessen in dem Nachlaß Seiner Majestät nicht vorgefunden worden. Ich halte hiernach für wahrscheinlich, daß das Exemplar D bei Lebzeiten Seiner Majestät dem Verfasser der Auszüge in der Deutschen Rundschau zugänglich gewesen ist.

Dieser Bericht ist durch die Veröffentlichung Meisners (S. VII ff.) verfeinert und ergänzt, aber im hier wesentlichen bestätigt worden.

Der Bericht bekräftigt also die noch unbefangene Diagnose im ersten Entwurf. In der Tat enthält das Exemplar C, welches dem Geffckenschen „Elaborat" zugrunde liegt, bereits viele Zusätze aus späterer Zeit, die der Autor zum Teil Anregungen aus den Briefen der Gattin und auch wohl anders woher kommenden entnahm: nur der Schluß aus der richtigen Beobachtung, daß, da dies nicht auf den Tag niedergeschrieben sein könne, nun auch alles, was falsch ist, späterer Zusatz oder so gar nicht vom Kronprinzen sei, ist nicht zwingend. — Der Gedanke an Unechtheit wird auch vom Gesandten Graf Dönhoff (Dresden) ausgesprochen; allerdings, nachdem er die kanzlerische Meinung erfahren hat. Und die Börsenzeitung kann nur deswegen nicht als weiterer Bestreiter der Echtheit angesprochen werden, weil es nicht schlechthin ausgeschlossen ist, daß sie von Bismarck inspiriert sein könnte. Auch war die Affäre mit den gefälschten bulgarischen Briefen noch kein Jahr her.

Erst mit der Behauptung des zweiten Entwurfes, daß der Kronprinz nie beabsichtigt haben könne, Gewalt gegen die Süddeutschen anzuwenden, betritt der Fürst das Gebiet der Fiktion, und es möchte dieser Punkt ihn wohl auch bestimmt haben, an der allgemeinen Fiktion festzuhalten, als solches Festhalten schwer ward. — Denn nun begegnen der Fiktion zwei Hindernisse: der Bericht des Hausministers, der die allgemeine Echtheit aussagt, und eine Unterhaltung des Kaisers mit dessen früherem Erzieher Hintzpeter: 26. 9.: Kaiser an Bismarck. Telegramm. Ankunft Berlin 27. 9., 1.30 a. m. An Friedrichsruh 9.20 a. m.:

„Hatte heute Gespräch mit Geheimrath Hintzpeter über die Tagebuch-Veröffentlichung. Als ich meine Ansicht dahin

präcisirte, daß dasselbe falsch und apokryph sei, erwiderte derselbe das sei nicht der Fall. Er habe persönlich im Jahre 1870 in Homburg von Ihrer Majestät der Kaiserin Friedrich das kapitelweise anlangende Kriegstagebuch meines Vaters in die Hände bekommen.[1]) Er könne versichern, daß die veröffentlichten Stellen fast ausnahmslos wörtliche Reproduktionen aus demselben seien. Er habe damals die auffallendsten Äußerungen und die merkwürdigsten Ideen sich notirt. Dieselben stimmten vollkommen mit den Veröffentlichungen überein. Der Behauptung der Kaiserin, daß das Tagebuch nicht unter ihren Papieren sei, respektive nicht mehr existire, schenke er absolut keinen Glauben. Auf meine Frage über den Eindruck der Veröffentlichung auf das Publikum erwiderte er, man sei allgemein der Ansicht, die Kaiserin habe sich hiermit in aller Form und offiziell an die Spitze der Fortschrittspartei gestellt.
Wilhelm.

Worauf Bismarck am 27. September (also nach Erscheinen des Immediatberichtes) antwortet, und zwar nach Stuttgart:

Allerh. Telegramm von gestern aus Detmold habe ich über Berlin soeben erhalten. Meiner ehrfurchtsvollen Überzeugung nach empfiehlt es sich, auch wenn das Tagebuch ächt wäre, doch einstweilen amtlich die Vermuthung der Fälschung festzuhalten, schon um E. M. die Stellung zu dem Vorgang bei den Begegnungen in München und Stuttgart dadurch zu erleichtern, daß E. M. die Echtheit bezweifeln und bestreiten. Die vorläufigen gerichtlichen Ermittelungen lassen annehmen, daß die Veröffentlichung nicht aus dem fortschrittlichen, sondern aus dem welfischen Lager herrührt. v. Bismarck.

Und hierauf wieder Herbert Bismarck an S. D. unterm 27. September:

S. M. vollkommen einverstanden, wird nach E. D. Rath verfahren. S. M. wünscht zu wissen, wann Ew. Immediatbericht zum Abdruck gelangt, da Allerhöchstdieselben Sich von dieser Publikation großen und heilsamen Eindruck versprechen. H. B.

Antwort Bismarcks an Herbert am 28. September:

Veröffentlichung im gestrigen Staatsanzeiger erfolgt und günstige Wirkung aus heutigen Morgenblättern ersichtlich.
v. Bismarck.

---

[1]) Kapitelweise langte übrigens A, und nicht das von Geffcken benutzte C an.

Noch einmal empfiehlt dann Bismarck dem Kaiser, an der Unechtheit festzuhalten am Schlusse des Telegramms an S. M. nach der Mainau am 29. September:

Im Anschluß an den Schlußsatz meines Telegrammes No. 1 vom 27. dies. Mon. melde ich heute alleruntherthänigst als Ergebniß der gerichtlichen Untersuchung die Feststellung, daß der Tagebuch-Artikel von dem früheren Straßburger Professor Geheimrath Dr. Geffcken in Hamburg herrührt, einem Hamburger Partikularisten, der seit Jahren in reichsfeindlichem Sinne parallel mit Windthorst an deutschen und englischen Blättern Mitarbeiter war. Derselbe hat, wahrscheinlich durch die Berliner Verlagsbuchhandlung gewarnt, sich der Verhaftung durch Flucht nach Helgoland entzogen und wie mir der Staatsanwalt gestern meldet, die Urschriften der strafbaren Publication vorher verbrannt. Die Haltung der freisinnigen Presse in dieser Frage beruht also wahrscheinlich nicht auf ursprünglicher Mitschuld an der Veröffentlichung, sondern nur auf der Freude an Allem, was die Monarchie und das Reich schädigt, ohne Rücksicht auf den Ursprung.

Ich halte nach wie vor für den zweckmäßigsten Weg der Erledigung dieser unerfreulichen Episode, wenn es gelingt, den Widerspruch gegen die Echtheit der Veröffentlichung aufrecht zu erhalten. Die Schuldigen selbst werden dazu vielleicht behilflich sein, weil ihre Lage dem Strafrichter gegenüber eine sehr viel schlimmere sein würde, wenn die Urkunden echt wären. v. Bismarck.

Worauf Herbert am 29. September:

Es würde Sr. M. dem Kaiser eine Genugthuung sein, wenn Geffcken sistirt werden könnte; ist es möglich, Haftbefehl gegen ihn zu extrahiren, so möchten Polizeibeamte die mit Helgoland verkehrenden deutschen Passagierdampfer übernehmen, um Geffcken, der doch nicht dauernd in Helgoland bleiben würde, zu arretiren. H. B.

Was dem Justizminister und dem O.R.A. mitgeteilt wird. Verhaftsbefehl war schon erlassen und am 29. wird Geffcken verhaftet.

Dies Material zeigt uns den Kanzler zuerst auf dem Wege objektiver, philologischer Betrachtung des „Elaborates." So ist es, wie er vermutet. Was der Kronprinz nicht täglich niedergeschrieben haben kann, — darüber trifft des Kanzlers Gedächtnis natürlich nicht immer das Richtige. — Vom Pfad der Frömmigkeit und Tugend weicht erst der zweite Entwurf, der den kronprinzlichen Wunsch der Drohung an die Süddeutschen ableugnet, und nun versagt sich der Kanzler auch der Meldung des Hausministers, wonach das Material echt ist; er geht nicht auf eine Prüfung dessen ein, was schon in dem Exemplar A stand, also tägliche Niederschrift war; das wäre auch für die Öffentlichkeit zu kompliziert gewesen; auch Hintzpeter macht keinen Eindruck, und allmählich entsteht aus der zutreffenden Grundidee: das ist kein reines Tagebuch, die façon de parler: das ist nicht echt, denn es enthält so und so viele Fehler. Der Kaiser, dessen Ansicht, das Tagebuch sei falsch und apokryph, Hintzpeter, der kaiserliche Erzieher, autoritativ bestreitet, wird bei der Stange gehalten durch den Hinweis auf die Besuche in München und Stuttgart und einige Tage später durch die feine Spekulation, die Schuldigen würden vielleicht die Echtheit fallen lassen, weil bei Unechtheit ihnen nur eine mildere Strafe drohe.

Also liegt nicht von Anfang eine Fiktion vor, sondern eine Wandlung im Subjektiven tritt ein, indem trotz der nouveaux faits: Hausministers Bericht und Hintzpeters Wort, bei der Verneinung der Echtheit verharrt werden soll, — wenigstens einstweilen, denn : 1. in den süddeutschen Residenzen beim Kaiserbesuch: Verlegenheit, Scham; ums Prachtstück der Verbrüderung war's getan, wenn im Hintergrunde ein vertrauliches Gemurmel hörbar ward: „Ei, was wollte denn aber einst der Vater des kaiserlichen Freundes unseren Herren antun?" — Darum weg mit der Versailler Szene, solange der Kaiser dort war. — 2. die Resultate der bevorstehenden preußischen Wahlen konnten durch die Anerkennung der Echtheit leiden. — „Nachher, wenn sie das Tagebuch als echt erweisen, anderes auf anderen Wegen" — so scheint der Kanzler auf eine Eigenschaft zu vertrauen, die ein Gegner einmal wenig wohlwollend also umschreibt: daß Bismarcks Genie hauptsächlich darin bestehe, aus unbequemen Verpflichtungen Auswege zu finden.

Man muß sich hier gegenwärtig halten, daß mehr noch als in der übrigen Gesellschaft in dem diplomatischen Verkehr die façon de parler eine Rolle spielt: vieles wird gesagt in der Meinung, der Mangel der Ernsthaftigkeit werde nicht verkannt werden, manches auch so, daß der Erklärende sich insgeheim vorbehält, das Erklärte nicht zu wollen oder selbst nicht daran zu glauben. Auch die Kategorie des „freiwilligen Vergessens" im Anschluß an den „freiwilligen Irrtum", den Bismarck formuliert hat, kann man aufstellen. Er schreibt einmal an einen Generalkonsul: „wenn Sie vergessen haben werden." — Ja, die erstere Art kann als graziöses und liebenswürdiges Spiel gute Figur machen, wie in dem Privatbrief an Schweinitz in Petersburg (24. Januar 1877, Große Politik 2, 125):

Verehrter Freund!

Herr von Bülow hat Ihr Schreiben vom 18. d. Mts. Ihrem Wunsche gemäß mit mir besprochen. Nach Inhalt Ihres Privatbriefes hatte ich befürchtet, daß der Bericht Schlimmeres melden würde, als er enthält. Sie selbst freilich sagen, daß Sie wesentlich gemildert haben; ich füge daher in meiner Voraussetzung demjenigen, was Sie schriftlich wiedergeben, noch die Eindrücke hinzu, mit welchen erregter Vortrag und schriftlich nicht wiedergegebene Ausdrücke die Scene noch verstärken können.

... Der Kaiser Alexander hat, wie Sie melden, am andern Tage selbst das Gefühl gehabt, zu weit gegangen zu sein, und das Bedürfnis, dieses wieder gut zu machen. Wir dürfen uns daher der Hoffnung hingeben, daß seine Auslassung sich in derselben Lebhaftigkeit nicht wiederholen wird, namentlich nicht vor Zeugen. Sollte diese Voraussetzung, wie ich nicht hoffe, irrthümlich sein, so wollen Ew. pp. in ihrem persönlichen Verhalten sich zunächst die Vorstellung zur Richtschnur nehmen, als ob Sie durch unseren eigenen Souverän in dieselbige schwierige Lage gesetzt würden und genöthigt wären, einen Ausbruch von Verstimmung anzuhören, der für Sie in dem Maße verletzend wäre, daß Sie sich Ihre weitere persönliche Entschließung vorbehalten müßten, ohne aber für den Augenblick in der Lage zu sein, Ihre persönliche Würde anders als etwa durch eine schweigende Verbeugung und nur im schlimmsten und ganz unerträglichen Fall durch einen Rückzug aus eigener Initiative wahren zu können. Ein Monarch, und ein Seiner Majestät dem Kaiser, wie auch Ihnen selbst, so nahe stehender wie der Kaiser Alexander, bleibt Ihnen und mir gegenüber, um mich eines inkorrekten, aber verständlichen Ausdrucks zu bedienen, immer im Rechte einer Dame. Ihre Eigenschaft als Botschafter mildert meines Erachtens diese Auffassung nicht ab, sondern verstärkt sie; denn Sie sind als solcher weniger, wie als unbeamteter preußischer Kavalier oder General in der Lage,

Ihren persönlichen Eindrücken Worte zu geben, weil Sie nur im Namen Ihres Kaisers sprechen und dessen Erwägung in betreff eines hochpolitischen Vorfalls nicht vorgreifen können. Ich habe in der Zeit, wo ich Gesandter in Petersburg war, und namentlich während des italienischen Krieges, analoge Vorgänge erfahren, über die ich nach sorgfältiger Erwägung vorgezogen habe, gar nicht zu berichten, weil ich mir sagte, daß persönliche und vorübergehende Aufwallungen eines absoluten Monarchen[1]), insbesondere, wenn schwierige Lage und körperliches Unwohlsein zusammentreffen, ein ganz unverhältmäßiges Unheil anrichten können, wenn sie durch Berichte amtlich fixiert werden, während sie wirkungslos vorübergehen können, wenn man sie einfach ignoriert. Einige meiner glücklichsten politischen Erfolge verdanke ich dem Verschweigen solcher Vorkommnisse, indem ich dasselbe durch die Erkenntlichkeit des zu weit gegangenen Gegenredners reichlich belohnt fand. Ich bitte Sie deshalb, in Petersburg die Fiktion aufrechtzuhalten, daß Sie über jene kaiserlichen Ausschreitungen gar nicht berichtet haben; obschon ich Ihnen dankbar bin, daß Sie es gethan haben. v. Bismarck.

Nach der großen Sensation von Bismarcks Interview aus Anlaß der Hochzeit des Grafen Herbert erschienen anonym in der Norddeutschen Allgemeinen Zeitung zwei Abwehr-Angriffsartikel, die Bismarck unter der Maske, als seien sie Tagesleistung der Redaktion und nicht der leitenden Staatsmänner, in den H. N. vernichtend durchhechelte. Diese Fiktion hielten die H. N. dann in einem Entrefilet vom 16. September 1892 noch scherzend aufrecht:

Die „Nordd. Allg. Ztg." hat vor einiger Zeit einen „Huldigungsartikel" für das Centrum veröffentlicht. Bei der bekannten Stellung des jetzigen Reichskanzler zur clericalen Partei mußte zunächst officiöser Ursprung des Elaborats[2]) an-

---

[1]) Natürlich schreibt der große Kanzler an seinen Botschafter nur von den Unregelmäßigkeiten des fremden Monarchen: aber wer würde nicht erinnert an die Bekenntnisse G. u. E. 2, 289: „ich hatte mir die Logik zurechtgelegt, daß ein Herrscher, der mir in dem Maße Vertrauen und Wohlwollen schenkte, wie Wilhelm I., in seinen Unregelmäßigkeiten für mich die Natur einer vis major habe, gegen die zu reagiren mir nicht gegeben sei . . ."

[2]) Eine Erscheinung der Bismarckzeit war, daß nach Kanzlerreden eigenartige Ausdrücke Bismarcks in die Zeitungen übernommen wurden, z. B.

genommen werden. Später stellte sich heraus, daß der famose Sonnabendartikel der „Nordd. Allg. Ztg.", wie die „freisinnige Zeitung" ihn nennt, eine Privatarbeit des Redacteurs der „Nordd. Allg. Ztg." war, und das Blatt mußte dies selbst eingestehen.

Diesem Vorgange gegenüber bringen wir in Erinnerung, daß, als die „Nordd. Allg. Ztg." im Juni dieses Jahres einige ebenfalls „famose" Artikel über die Wiener Einwirkungen zu Ungunsten des Fürsten Bismarck brachten, wir diese Artikel zunächst nicht der Regierung, sondern Herrn Pindter in Anrechnung gebracht haben. Daß dies das Natürliche war, sieht man jetzt an dem neuen Beispiele, und die Qualität der damaligen Ausarbeitungen war ebenfalls danach angethan, unsere Vermuthung der Pindter'schen Autorschaft zu rechtfertigen.

Hier wird den damaligen Machthabern nichts erspart, — aber wo wäre hier Unwahrhaftigkeit? Jeder merkt, daß darauf gerechnet wird, der Mangel der Ernsthaftigkeit werde nicht verkannt werden!

Oder im Reichstage: „wenn ich ... im Reichstage von Lügen sprechen sollte, so meine ich in Bezug auf Minister und Abgeordnete immer nur Irrthümer."

Ein Lieblingstruc bei halsbrecherischer Polemik war es, sich so zu stellen, als glaube er nicht, daß hinter der zu befehdenden Kundgebung der vermutete Autor stehe; oder auch so, er habe nicht gewußt, daß dieser die Eigenschaft z. B. eines Abgeordneten habe usw. — jetzt, da er ihn (oder dessen Eigenschaft als Abgeordneter) kenne, sei er bereit, zu gestehen, daß er sich getäuscht!

Es kann sein, daß die scharfe Antithese: Zunächst ... als Fälschung behandeln, ... dann, wenn sie die Echtheit beweisen, ... auf anderen Wegen, weniger auf die formelle Frage der Fälschung geht, — denn es ist ja das Ganze als Tagebuch genommen vielfach interpoliert, als auf das Quantum des nichttäglich Eingetragenen und auch des Unzutreffenden: statt zu sagen, der Kronprinz hat oft geirrt und manchmal so, daß es nicht täglich aufgezeichnet sein kann und kaum von ihm unbeeinflußt herrührt, — was dem Tatbestand objektiv entspräche, — wird ein völliger Gegensatz: echt oder unecht, proklamiert, der mit den eigenen Detailurteilen zu Anfang des Berichtes nicht harmoniert.

„ein Maß von", wo der Städter „Grad von" oder nichts eingeschoben hätte. Immerhin haben die inspirierten H. N. den Ausdruck der Börsenzeitung „Elaborat".

De mortuis nil nisi bene

Das „Tagebuch" war eines Toten hinterlassenes Werk, mochte es in der Form, in der es vorlag, echt sein oder nicht.

Vor der Majestät des Todes soll Gehässigkeit weichen: mehr noch dem toten, als dem lebenden Widersacher gegenüber soll der Mensch an sich halten.

Aber: darf der Staatsmann schweigend die tränenreiche Stimmung ausbeuten lassen bis zur politisch schädlichen Verherrlichung des eben aus dem Leben geschiedenen Gegners? Bismarck verneint das ebenso, wie er den Vorwurf der „Unritterlichkeit" bei der Abwehr politisierender Frauen also zurückweist (H. N., 20. Juli 1892; Hofm. 2, 136): „In mehreren Blättern findet sittliche Entrüstung gegen unritterliche Hineinziehung von Frauen in die politische Diskussion statt. Die Entrüstung hat zur logischen Voraussetzung, daß die Frauen keinen Einfluß auf die Politik haben. Das ist irrthümlich. Der Satz ‚cherchez la femme' gilt nicht nur im Privatleben, sondern auch in der Politik." „Wir sind nicht hier, um Sentimentalitäten abzumachen, sondern um die Geschäfte zu betreiben," sagte er im Reichstag am 14. März 1884: der Abgeordnete Lasker war auf einer Reise in Amerika gestorben; er war einst als nationalliberaler Führer ein Förderer von Bismarcks Politik gewesen, suchte dann die Partei mehr nach links zu lenken, als Bismarck dulden mochte, und trat aus derselben aus. Der Kanzler rief im Reichstag den neuen Parteigenossen des Verstorbenen zu, daß sie das Andenken ihres verstorbenen Freundes in einer, „ich möchte sagen, wucherischen Weise" ausbeuteten; der Kanzler hatte sich geweigert, die Beileidsadresse des amerikanischen Repräsentantenhauses an den Adressaten derselben, den Deutschen Reichstag, weiterzugeben, denn das amerikanische Volkshaus hatte die Verdienste des Dahingeschiedenen mit den Worten gepriesen: his firm and constant exposition of free and liberal ideas have materially

advanced the social, political and economic condition of that people. — Das damit abgegebene Werturteil über Deutschlands innere Politik ließ der Kanzler nicht durch. Zur Illustration seines Verhaltens nun bildete er im Reichstag ein Beispiel nach dem Satze vom Herrn Alexander: „Euer Hund biß meine Kuh!":
„... wenn etwa bei uns das Herrenhaus beispielsweise seine Sympathien kundgeben wollte über den Tod eines konservativen Oppositionsmitgliedes gegen das heutige Ministerium in England, so würde ich sicherlich nicht den deutschen Botschafter in England beauftragen, den Minister Gladstone zu ersuchen, er möchte das Lob dieses Gegners dem dortigen Parlamente amtlich kundgeben."

Da kann man lernen, wie den Leuten etwas klargemacht wird! In der Tat, hätte er dem liberalen Minister Gladstone zumuten sollen, eine parteipolitische Lobpreisung von dessen politischem Antipoden Disraeli der liberalen Gladstoneschen Unterhausmehrheit zu präsentieren? Durch diesen Vergleich aber zeigte der Diplomat, wo er bei der Laskerehrung den Fehler fand: Der amerikanische Staatssekretär hätte eben die Akte ebensowenig an Bismarck weitergeben dürfen, wie Bismarck sie im supponierten Falle an Gladstone weitergegeben hätte![1]) Daß danach in den

---

[1]) Für das Schema, durch Vertauschung der Rollen dem anderen klarzumachen, daß er vom rechten Wege abgehe, folge noch ein Beispiel: Als im März 1866 der Krieg Preußen-Österreich sich formte, sandte der liberalisierende Schützenherzog Ernst von Koburg ein an ihn gerichtetes Schreiben des österreichischen Ministers des Auswärtigen, Grafen Mensdorff Pouilly, das vor Bismarcks Plänen warnte, dem König Wilhelm ein. Bismarck, dem der König Kenntnis gegeben, schreibt an den Gesandten in Wien, Baron Werther (denselben, der dann in Paris im Juli 1870 versagte), am 5. April 1866: „. . . daß die Theilnahme des österreichischen Ministers an diesem Schritte des Herzogs von Koburg auf die persönlichen Gefühle, welche ich bisher für den Charakter des Grafen Mensdorff gehegt habe, nicht ohne Einfluß bleiben kann. Welchen Eindruck sie auf S. M. den König hat machen müssen, müßte man auch in Wien leicht begreifen, sobald man sich fragt, ob ich als preußischer Minister die Verbindung mit irgend einem deutschen Fürsten dazu benutzen wollte, um mit Umgehung des verantwortlichen österreichischen Ministeriums und im Gegensatz zu der Politik desselben auf S. M. den Kaiser durch Rathschläge, Mahnungen, Warnungen einzuwirken." ... (Der Zweck des Briefes, dem König vorgelegt zu werden, um Bismarck zu contrecarriren) „geht schon klar genug aus der Erwägung hervor, daß derselbe die auf das Bedürfnis einer streng konservativen Politik gegründeten Betrachtungen des Schreibens sicher nicht an den Herzog von Koburg gerichtet haben würde, wenn der Brief nicht gerade für den König persönlich berechnet gewesen wäre." Hier ist dasselbe

Vereinigten Staaten manche Leute ergrimmten, konnte der deutsche Kanzler um so leichter verschmerzen, als die ganze Kundgebung für den Toten von einer kleineren Gruppe ausgegangen schien. — Übrigens war Bismarcks Stellung eine solche („die so gar wacklig nicht sein wird", H. N., Hofmann 1, 306), daß seine feinen Zensuren eine Deutschland schädliche Verstimmung nicht zu hinterlassen pflegten.

Die Abwehr gegen die Anpreisung des Abgeordneten Lasker, wie gegen die Ausbeutung angeblich apokrypher Äußerungen des entschlafenen Kaisers ist im Tone leidenschaftlicher als die Urteile der Hamburger Nachrichten und des dritten Bandes nach Windthorsts Tode zu Anfang 1891: da war Bismarck nicht mehr im Amte, während in den beiden früheren Fällen der Überschwang der Verherrlichung eines eben Verstorbenen die Zirkel der aktuellen deutschen Reichspolitik zu stören drohte. — Auch trug der Haß Bismarcks gegen Windthorst ein Moment staatsmännischer Achtung in sich: „nur die Leitung des Centrums kann ich nicht eine unfähige nennen" (G. u. E. 2, 309). Da zeigt sich die Einschätzung des staatsmännischen Judicium: Windthorst war, wenn nicht ein Bismarck ebenbürtiger, aber doch sicher ein Staatsmann! „Windhorst, politisch latitudinarian, religiös ungläubig, durch Zufall und bürokratisches Ungeschick auf die feindliche Seite geschoben" (ebenda 310), da zeigt sich der Ingrimm des politischen Gegners. Beides vereint in den Worten im Gespräch: „ein Giftmischer, aber ein geschickter."

Als nach Windthorsts Tode auch an Stellen, die nicht dessen Partei angehörten, Huldigungen großen Kalibers einsetzten, gaben die Hamburger Nachrichten einen Rückblick auf die Tätigkeit des Verstorbenen, den Bismarck schon im Reichstag den Führer des „Konsortium" (nämlich der aus disparaten Elementen zusammengesetzten Opposition) genannt hatte. Daran knüpfen sie den Ausdruck warnenden Befremdens wegen Über-

---

Schema, und wenn der Frhr. v. Werther dem Grafen Mensdorff Ähnliches angedeutet haben sollte, wird es auch diesem eingeleuchtet haben. Das Manöver scheiterte, wie das des Grafen Arnim, der als Botschafter in Paris in Immediatberichten an Wilhelm I. geltend machte, „daß dem Kaiser, als dem Doyen der Monarchen, durch diese Gnade Gottes eine Verpflichtung erwachse, die Legitimität und Continuität andrer alter Dynastien zu überwachen und zu schützen", d. h. monarchische Restauration in Frankreich zu begünstigen. Beide Male war der Rechenfehler: „er (Arnim) wußte nicht, daß Se. Majestät mir in seiner geraden und ehrlichen Weise die Briefe mittheilte" (G. u. E. 2, 163).

triebenheit der Huldigungen am Grabe. Sie nehmen den Anlaß wahr zu einer historischen Skizze über das Zentrum, dessen Gründung sie nicht zuletzt der Enttäuschung des Gesandten v. Savigny (über die ihm zugedachte Stellung im Reichskanzleramt), dessen Führung sie Windthorst zuschreiben, und über den Kulturkampf, dessen dauernde positive Ergebnisse zugunsten des Staates in Gestalt der Aufhebung der preußischen Verfassungsartikel, wie der katholischen Abteilung im Kultusministerium, hervorgehoben werden: wo der Staat auf dem ihm eigenen Gebiete blieb, erzielte er bleibende Erfolge.[1]) — Bismarck schrieb ja von dem General v. Caprivi, „er sei der Candidat des Zentrums gewesen ... Er mag das Vertrauen des Zentrums nicht erstrebt haben, aber er hat es besessen". Die Hamburger Nachrichten (Hofm. 2, 110) warnen nach Windthorsts Hinscheiden: „Es ist zu Leichenreden für den toten Windthorst gekommen, welche an patriotischem Schwung, Wärme der Empfindung und Umfang ihrer Äußerung die Kundgebungen beim Tode des Kaisers Wilhelm I. in den Schatten zu stellen drohten ... Windthorsts Begabung, seine originelle Persönlichkeit ... einer der gefährlichsten, weil geschicktesten und verstellungskundigsten Gegner unserer nationalen Entwicklung ... Wir verdenken es Niemand, wenn er am offenen Grabe eines Gegners bestrebt ist, dem rein menschlichen Empfinden sein Recht zu gewähren und die Bedeutung des Verstorbenen anzuerkennen; aber daß Windthorsts Leichenfeier zu patriotischen Kundgebungen in großem Stile begeistern konnte, als ob ein Vater des Vaterlandes dahingeschieden sei, erfüllt uns mit Beschämung." Den Adressaten dieser Warnungen ergibt erst der dritte Band und Waldersees lapidarische Zusammenfassung:

Dritter Band, S. 131: „Dieselbe Politik des Entgegenkommens, um nicht zu sagen Nachlaufens, ist mit dem Centrum vorgenommen worden, mit Windthorst, den nur gesprochen zu haben der Kaiser zu einem der äußerlichen Anlässe des Bruches mit mir nahm und dessen amtliche Ehrung nach meiner Entlassung bis zur Apotheose nach seinem Tode gesteigert wurde — ein wunderlicher preußischer Heiliger."

Hierzu vergleiche man Waldersee 2, 184: „März 1890. Wenn Windthorst ins Schloß kommt, so lasse ich ihn durch einen Gefreiten und drei Mann arretieren, sagte der Kaiser. Dezember 1890.

---

[1]) Vgl. v. Kardorff, Bismarck, 4 Vorträge, S. 119.

Parlamentarisches Diner beim Reichskanzler. Der Kaiser genehmigt mit einigem Widerstreben, daß Windthorst eingeladen wird, hat aber dann mit ihm eine längere Unterhaltung. — Januar 1891. 1. Windthorst fällt die Treppe hinunter und verletzt sich. Der Kaiser fragt: ‚Ist es wohl zuviel, wenn ich einen Flügeladjutanten hinschicke und mich erkundigen lasse?' 2. Der Kaiser liest die Einladungsliste zum nächsten Hofball und fragt: ‚Warum ist denn Windthorst nicht darauf?' — Warum soll man sich also noch wundern?"

Kabinettsorder über Konkurrenz des Ministerpräsidenten bei folgenschweren Vorträgen: Abgeschafft und sogleich erneuert! — Raffaufbillett: zugesandt und nie in Wirksamkeit gesetzt! Windthorst perhorresziert und dann gefeiert! Alle drei Aktionen hatten erstmals den Zweck: „äußeren Anlaß zum Bruche" zu geben, waren also politische Mittel: die Leichtigkeit der Umkehr schien dem Staatsmann wie dem General bedenklich, und in dem weisen Urteil über Deutschlands Beteiligung an der Aktion der Mächte gegen Japan wegen der Halbinsel Liautong sagen die Hamburger Nachrichten (7. Mai 1895, Hofm. 2, 299): „. . . wir haben die Empfindung, daß die neueste Aktion, wenn Erwartungen, die etwa daran geknüpft sind, nicht erfüllt werden, ebenso schnell in ihr Gegenteil umschlagen kann, wie sie entstanden ist."

Wenn die Kritik des Kanzlers beim Tode Windthorsts gehaltener ist, so kommt noch ein anderes hinzu: der Spieler fühlt sich weniger gereizt durch den Gegner, der ihn besiegen will, als durch den wohlmeinenden, aber hinderlichen Aiden: in Windthorst sah Bismarck den Gegner des protestantischen Kaisertums, in dem Kronprinzen wie in dem allzu liberalen Abgeordneten sah er Partner, die den Hauptspieler störten. Ein kluger Gegner, den kann ich berechnen, sagte mir ein Professor, der auch political man war. In Bismarck mochte bei allem Ingrimm über Windthorsts Richtung das Gefühl sein: mit dem zu spielen, lohnt sich's; vielleicht auch der Gedanke, wieviel durch Windthorsts Tod Bismarcks Gegner verloren.

Zu Bismarcks Stellung im Laskerfalle brachte eine große Berliner Zeitung sogleich eine Parallele: sie zitierte, was Mommsen über Cäsar schreibt nach Catos Selbstmord: Cato hatte sich in sein Schwert gestürzt, nachdem Cäsar durch die Schlacht bei Thapsus der Republik den Rest gegeben, und Mommsen sagt, daß Cäsar „ihn über das Grab hinaus mit jenem energischen Hasse verfolgte, den praktische Staatsmänner den ihnen auf dem idealen Gebiete, ebenso gefährlich wie unerreichbar, opponierenden Gegnern gegenüber zu empfinden pflegen." Mommsen fügt von Cato noch bei: „der bei lebzeiten nicht selten ihr (seiner Parteigenossen) Spott und ihr Ärgerniß gewesen war" und enthüllt so einen weiteren psychologischen Grund der Gefährlichkeit des Toten: der kann keine Torheiten mehr begehen, — höchstens durch Veröffentlichung diskreditierender Memoiren. — Bismarcks offizielle Meinung von dem toten Kaiser war: der Kaiser war nicht liberal, sondern Autokrat „von Souveränitätsgefühl beseelt wie kaum ein anderer Hohenzoller vor ihm, und er würde den Fortschrittlern ein höchst vernehmliches Quos ego! entgegengeschleudert haben, wenn sie ihm mit irgendwelchen Zumutungen gekommen wären, die die Rechte der Krone geschmälert und sich etwa auf den Übergang zur parlamentarischen Regierungsform bezogen hätten" (Hofmann I, 185). — So sollte Kaiser Friedrich im deutschen Volke nach Bismarcks Willen fortleben, — nun kam das Tagebuch heraus! Die Fiktion der Unechtheit kam zum Teil auch aus dem Wunsche, daß Friedrich III. dem Volke so nicht erscheinen sollte, wie er in dem Tagebuche sich zeichnete, sie kam nicht bloß aus der Voraussicht von Schädigungen, welche dem Reiche durch die dort erzählten Fakta drohten.

Aber bei solchen Fiktionen trägt, wenn die Wahrheit an den Tag kommt, die Kosten derjenige, dessen Urheberschaft vorher bestritten: und das war hier Friedrich III. —

Für die Empfindlichkeit des Volkes bei dem Urteil über des toten Kaisers Friedrich „Tagebuch" muß man neben der erhabenen Stellung des Verstorbenen auch das Martyrium von dessen letztem Lebensjahr bedenken. Der Abgeordnete Lasker war einer kurzen Krankheit erlegen, ein 50er, Windthorst einer solchen mit 79 Jahren. Über dem Haupte des kronprinzlichen Verfassers des Tagebuches schwebte nicht nur die Kaiserkrone, nein: auch die Märtyrerkrone, eine seelische und körperliche Tragik, für welche die Weltgeschichte nicht viele Parallelen bietet.

Was aber der Tod allein nicht vermag, das vermag die Tragödie, die ihm vorhergeht.

Fazit

In diesem einen Schriftstück läuft gar vieles zusammen. — Wir sahen den Fürsten am Werke, am Vorabend jenes Angriffs. Wir sahen, was sein Vortragender ihm brachte und was die Zeitungen. Wir sahen die erste Entladung seines gereizten und besorgten Staatsgefühls und erfuhren von der Umwandlung des geheimen Aktenstückes in eine öffentliche Anklage. Wir begleiteten seine erste Empfindung, die dem „Elaborat" nur den Charakter als tägliche Aufzeichnung abspricht — und nicht mit Unrecht abspricht — auf dem Wege zur Fiktion der Unechtheit.

Der tiefere Sinn: „Der König ist der Archimedische Punkt, von dem aus ich die Welt bewege." (Bismarck an Bülow-Vater nach dem Zeugnis von Bülow-Sohn.) Bismarck sieht auf den König und stellt den offenen Bericht so ein, daß er in Süddeutschland dem jungen König hilft: Weggeleugnet wird also, was vom Vater des Königs Unfreundliches gekommen war. Und doch wiederum verkündet er vom Vater des Königs „Indiskretionen". Der regierende Herr stand ja schlecht mit der Königin-Mutter! — Aber Blutsgemeinschaft ist doch stärker, und der Dritte zahlt die Zeche.

Zu Keudell hatte er einst gesagt: „Faust klagt über die zwei Seelen in seiner Brust; ich beherberge aber eine ganze Menge, die sich zanken. Es geht da zu wie in einer Republik.... Das Meiste, was sie sagen, teile ich mit. Es sind da aber auch ganze Provinzen, in die ich nie einen anderen Menschen werde hineinsehen lassen.".... (Keudell, S. 220.)

Hier in diesem Berichte vertragen sich zwei der Provinzen nicht miteinander. Sollte in diesem Widerspruch die Schwierigkeit sich offenbaren, sich, den Reichsschöpfer auf die komplizierte Natur Wilhelms II. einzustellen?

www.ingramcontent.com/pod-product-compliance
Lightning Source LLC
Chambersburg PA
CBHW050910300426
44111CB00010B/1457